亲子阅读
有妙招

"悦读暖家行动" 实践攻略

康新宇　子鱼　著

海峡出版发行集团　福建少年儿童出版社
THE STRAITS PUBLISHING & DISTRIBUTING GROUP　FUJIAN CHILDREN'S PUBLISHING HOUSE

一切从"悦读暖家行动"开始（代序）

自倡导"全民阅读"以来，如何推广、实践与落实，便成为亟待解决的问题。家庭阅读是推动"大阅读"的基础。2016 年初夏，福建少年儿童出版社与福建少年儿童图书馆共同启动了"悦读暖家行动"。

"大阅读"时代已然到来。"大阅读"提倡的是整体性阅读，它需要阅读服务，阅读服务需要阅读服务平台，图书馆是最佳的阅读服务平台。

在提倡阅读策略的当下，图书馆无不千方百计地做好阅读服务，吸引读者进入书海。"悦读暖家行动"就是要走出图书馆，走进家庭，以家庭为基础单位，引领亲子阅读、培养家庭阅读习惯。换句话说，就是要把可操作的阅读平台植入家庭中。

读什么，怎么读，读后如何思考，读后如何运用，这是一门值得探索的学问。国内近年推动的阅读指导活动，朝三个主流方向发展：群文阅读、主题阅读与整本书阅读。

"悦读暖家行动"的目的，就是要让阅读在家庭中以最简单的方式实际操作，进而普及开来。不讲求过多的复杂理论，打开好书就读。所以，"简单的事情重复做"便成了我们的行动理念；"阅读 331——日读 30 分钟，月读 3 本书，一生爱阅读"，便成了我们的行动口号。

在家庭教育中，阅读是一件十分容易被忽略的事情。其实，阅读不仅仅是孩子的事，只有做到亲子共读、家庭阅读，才能获得阅读的最好成效。本书倡导的就是这个理念。本书也讲述一些阅读理论，但更多的在于提供阅读方法，让父母、教师方便操作，循序渐进地引导儿童阅读。

特别值得一提的是，本书注重引领父母、教师认识儿童文学。

常听父母、教师说不知如何给孩子选书，只得先从经典名著开始。经典名著自然要读，且要读得通透，但一开始就让孩子读这样的"大部头"，孩子很可能会对阅读产生抵触心理。从儿童本位出发的儿童读物，才是激发儿童阅读兴趣的最好的钥匙。因此，作为阅读指导者的父母、教师，很有必要认识儿童文学。

本书引用了艾登·钱伯斯的"阅读循环理论"，也就为"悦读暖家行动"找到了理论依据。在"选书←→阅读←→回应"的循环过程中，儿童需要一位值得信任的大人。父母、教师应多多参与，为孩子提供各种帮助，从最简单的买书、借书、阅读，到讲故事、阅读分享，不断循环。

自"悦读暖家行动"启动以来，已有近千个家庭踏上了亲子阅读的轨道，并取得了一定成效。一颗种子发一颗芽，万千种子发万千芽。愿本书能真正把阅读的"种子"播撒到更多家庭中。

康新宇　子鱼

2019 年 10 月 20 日

目 录

第一章　全民阅读环境下的"悦读暖家行动"

一、大阅读时代的到来

党的十八大以来，以习近平同志为核心的党中央高度重视全民阅读工作。2012 年 11 月，党的十八大报告提出"开展全民阅读活动"。2014 年以来，"倡导全民阅读"连续六次写入国务院政府工作报告。十八届五中全会把"倡导全民阅读"列为"十三五"时期的重要工作。特别是 2016 年底，我国制订首个国家级"全民阅读"规划《全民阅读"十三五"时期发展规划》，明确提出全民阅读工作的指导思想、基本原则和主要目标，以及"十三五"时期的重点任务及时间表、路线图等，以进一步推动全民阅读工作常态化、规范化，共同建设书香社会。

可以说，全社会都在积极倡导书香社会、全民阅读，阅读每时每刻都在进行，人们每天都在各种媒介如图书、期刊、电视以及网络中开展各种形式的阅读，获取大量的知识与信息。但是，大家也知道，在现阶段，更多的人是在网络中进行"碎片化"的阅读，网络阅读已成为大多数人常态的阅读方式，令人忧心忡忡。因为，这只是一种零碎的阅读，无法使阅读系统、深入，片段的阅读不足以满足学习认知的需求，尤其对孩子来说，更显不足。

因此，如何在大阅读时代实实在在地推动阅读氛围的形成，特别是儿童，如何养成一种良性的阅读习惯，已成为迫切需要解决的问题。

大阅读时代来了，大阅读环境却还未真正形成。应该说，阅读时时都在进行，但更多的只是网络阅读、碎片阅读。网络是时代发展的趋势，不必刻意避开，但在阅读方面，特别是孩子，如沉迷于网络碎片化阅读，一旦上瘾，危害甚巨。

那么，什么是大阅读呢？《大阅读的理念及实施》一文指出：所谓"大阅读"是指以现代教育理念为指导，以开发人的生命潜能为目的，内容丰富，形式多样，相伴终生的开放式阅读活动。

大阅读的理念是为人生而读书；大阅读是多元化的阅读；大阅读是与时俱进的阅读；大阅读的理念是终生阅读的意识。

大阅读是一种多元化阅读的理念，在传统书籍的阅读之外，音像阅读、网络平台阅读都值得开发和引导。在阅读内容上，涵盖古诗文阅读、名著阅读、时文阅读、科普阅读、外文阅读等，提倡大量阅读、自主阅读，更强调阅读策略、阅读引导与阅读计划。大阅读提倡整体性阅读，区别于碎片化阅读。

《大阅读的理念及实施》一文还提到：孩子的学习状态出现偏差时，需要通过阅读给予修正。只会做习题而不知或不会阅读，综合素养低下，这是当下中小学生的一个通病，若要有所改变，应从加强阅读入手。网络广泛使用，学生不够自律，造成手机使用时间过长，依赖过深，对于学生的身心和智商都会产生负面影响。

若只是打开书就读，读完产生乐趣即可，可视为一般性娱乐式阅读。然而阅读的实用性则要求对学生有所帮助。于是，读什么，怎么读，读后如何思考，读后如何运用，便成为一门学问，"有效阅读"便显得尤为重要。强调阅读是要回归纸质书的阅读，尤其当幼儿刚开始接触书籍时，具体形象的纸质书，他们是感受得到、摸得到的。因为，书是有温度的。

二、"悦读暖家行动"简介

在家庭教育中，阅读是一件十分容易被忽略的事情。对于一个家庭来说，阅读不仅仅是孩子的事，只有做到亲子共读、家庭阅读，才能真正获得阅读的最好成效。

但是，许多父母不知如何为孩子选书，不知如何选择阅读策略，不知如何为孩子导读。大阅读时代需要阅读服务，阅读服务需要"阅读服务平台"。图书馆是最佳的阅读服务平台。在提倡阅读策略的时代，图书馆无不千方百计地做好阅读服务，吸引读者进入书海。

福建省少年儿童图书馆、福建少年儿童出版社设计并推广了"悦读暖家行动"。这是以家庭为基础单位，针对亲子阅读和培养家庭阅读习惯而开展的一项家庭亲子阅读活动，其口号是："爱读331"——日读30分钟，月读3本书，一生爱阅读。该活动通过专家、学者的家庭阅读指导，以具体阅读配套行动，通过30天家庭阅读养成计划、参与阅读活动等多种形式，指导家庭阅读及亲子阅读。

"悦读暖家行动"中提倡的阅读，是拿起书就能读、喜欢读，不论策略、技巧或方法如何，只要是适宜的书籍都拿来读，若能反复操作直至养成习惯，就达到目的了。所以，在该行动实施过程中，暂时不谈阅读文本内容的内化应用，只希望能引导家庭养成阅读习惯，并将其发展为终身学习，营造良性互动的大阅读环境。

"爱读331"——日读30分钟，月读3本书，一生爱阅读。

"悦读暖家行动"宣传图

1.每日30分钟的阅读时间，其实并不长，关键在于如何有意识地善用这短暂而宝贵的时间阅读。

并非每天只能阅读30分钟，而是至少30分钟，且要当成习惯去做，当成一种无须意识控制，主动完成的阅读动作。

"悦读暖家行动"启动仪式

2.一个月读3本书，若按每日阅读30分钟的儿童读物桥梁书计算，事实上早已超过3本。定这个数字的目的，在于鼓励刚接触亲子阅读的家庭，使他们在完成任务之后有成就感，有信心。

成人阅读的书籍一般比较厚，若养成阅读习惯，阅读速度将加快。250页的书，一个月读完3本不成问题。

父母如果没有阅读的习惯，可以与孩子一起，从儿童读物开始阅读。这样一来，既有了亲子阅读的氛围，又能让自己养成阅读习惯。

3.一生爱阅读。"一生爱阅读"即养成"终身学习"的习惯。在"悦读暖家行动"招募阅读家庭的第一个月里，"阅读服务专员"会持续关注阅读家庭的阅读执行情况。

一个月按30天算，若每天都能坚持阅读，只需一个月就超过了21天的习惯养成期。我们相信，养成阅读习惯之后，无须阅读服务专员提醒，每一个家庭成员都能主动阅读。阅读没有止境，需要我们长期坚持下去，3个月、4个月、半年、1年、10年……一生爱阅读。

活动的主要做法：

1. 以30天为一个周期，每个周期招募30~50组有3~12岁儿童的家庭作为"悦读暖家行动"的成员家庭，不断循环，并向更大的范围扩散。

2. 给每个成员家庭免费发放《"悦读暖家行动"阅读指导手册》。该手册包括了"3~12岁青少年儿童阅读书单推荐""悦读暖家行动具体实施办法与要求"以及"30天家庭阅读成长共读日志"等。主要做法是：以手册

"悦读暖家行动"阅读指导手册

为载体，以实用性强及易操作的方法指导每一期的成员家庭从成人阅读、儿童阅读、阅读时间、阅读空间、亲子共读、讲演故事、阅读活动、阅读团体等8个方面切入，开展家庭亲子阅读，并完成各项亲子阅读任务。

阅读方式	做法（加＊为必做项目，其余为选做项目）	理　由	考核方式（只考核必做项目）
大人阅读	1.养成阅读习惯。 ＊2.大人要阅读儿童文学作品，每月至少3本。 3.大人要阅读图画书。 4.大人还要阅读自己想看的书。	大人是阅读"守门人"，也是具有协助能力的引导者。只有通过阅读童书，才能领略儿童文学作品的美妙与魅力，才知道要给孩子什么。同时，大人也要阅读自己喜爱的书。	大人要在一个月内，至少阅读3本自己感兴趣的儿童文学作品，并在成果分享会上，简单分享自己的阅读体会。

儿童阅读	*1.孩子每月至少阅读3本儿童读物。 2.阅读不能"偏食"，要多元化阅读。	鼓励孩子阅读，主要是为了引导孩子对阅读产生兴趣。多元阅读才能拓展知识面，让孩子在潜移默化中积累更多的知识。	通过撰写阅读日志，记录每日阅读情况。
阅读时间	1.一有机会就朗读。 2.一有时间就讲故事。 *3.每天固定亲子阅读30分钟。 4.保证床头讲故事的时间。	养成阅读和讲故事的习惯，随时随地带给孩子听故事的惊喜。固定讲故事的时间段，让孩子对听故事有所期待，从而增进亲子感情。	每周三晚上，拍摄与孩子共读的照片，并发送至"悦读小助手"微信号。
阅读空间	1.任何地方都可以讲故事。 2.尽可能做到随手可取阅。 *3.设立孩子专用的书柜。 4.在家里设置图书角。 *5.在家里设置共读区。	创造阅读的环境，打造听故事的氛围。孩子知道这是属于自己的区域，就有了养成阅读和听故事的习惯的可能。	第一个星期的星期三，拍摄家里的书柜、共读区域，并将照片发送至"悦读小助手"微信号。

亲子共读	1.读书给孩子听。 2.听孩子讲故事。 3.讨论图书内容或玩游戏。 *4.与孩子共读一本书。 *5.安静地陪孩子阅读。	让孩子知道读书是有意义的，引导阅读、陪伴阅读、讨论故事，能让孩子体会书中世界的丰富与乐趣。	与孩子共读一本书，并就书中的人物、故事等展开讨论，表达各自的观点。在成果分享会上，随机抽选家长分享共读故事，并记录在阅读日志中。
说演故事	1.具备"演奏"绘本的技能。 2.具备讲演故事的能力。 3.具备创造性地朗读戏剧的技能。	讲故事是把阅读变得更加有趣的过程。讲故事的过程，不仅是阅读的过程，而且是培养孩子说话能力的过程。戏剧性故事的讲演过程，还是对孩子进行肢体开发的过程。	
阅读活动	*1.带孩子逛图书馆并借书。 *2.带孩子逛书店并买书。 3.带孩子参加故事会。 4.带孩子看儿童剧。 5.参加儿童读书会。	让孩子知道阅读和听故事是可以同时进行的，图书馆是知识的宝库，买书是一种正向行为，参加故事会、观看儿童剧都是动态阅读活动。	一个月内至少带孩子借阅图书两次，至少给孩子购买一本新书。

阅读团体	1.由几个家庭组成阅读团体。 2.加入阅读组织。 3.关注阅读组织网络。	参与者将获得阅读或故事活动的相关信息，幼儿的教育信息或直接的阅读知识。参与阅读活动，可以扩大亲子阅读空间。	
阅读成长共读日记	每天记录家庭阅读情况，完成"30天家庭阅读成长共读日志"。	简单的事情重复做，有助于养成阅读习惯。	在分享会上展示家庭共读日志，并与大家简单分享阅读的书籍及自己的阅读感受、阅读成效。

共读日志

3.为了帮助家庭成员提升阅读能力，拓展家庭阅读的广度和深度，在活动期间，同时开展与阅读相关的服务及活动。

（1）阅读服务：阶梯阅读评价与建议、成人读书会、儿童读书会、儿童故事会、阅读的演示等；

（2）阅读活动：阅读与人文体验、阅读与写作能力培养、阅读与自然观察、阅读与历史活动、阅读与讲演学习、阅读与接触作家等。

同时，聘请阅读推广专家（如著名儿童文学作家子鱼）作为"悦读暖家行动"的阅读导师，开展"家庭阅读指导沙龙"，把阶梯式阅读理念与"悦读暖家行动"相结合，通过提供阶梯阅读的书目、系列阅读讲座、分享沙龙等形式，让更多家庭深入了解阶梯阅读，逐步提升家庭阅读的质量。

4.建立阅读微信群，利用微信等工具，开通线上辅导渠道，根据家长们的提问，不定期开办线上微课。

5.活动后期举办成果分享会，所有参与家庭都要展示"30天家庭阅读成长共读日志"，简单分享活动期间阅读的书籍及自己的阅读感受、阅读成效。表彰表现优异的家庭，并授予其"阅读好家庭"证书。

6.活动结束后，继续探访跟踪，督促家庭成员将这30天来形成的阅读意识和陪伴意识落实到以后的家庭生活时光中，将"终身学习"的理念落实在今后每一个平凡的日子里。

荣誉证书

三、"悦读暖家行动"的成效和影响

"悦读暖家行动"自 2016 年 5 月 14 日启动以来，吸引了越来越多家庭加入，至今已经开展了 12 期，共有 1852 个家庭有了每晚睡前的共读体验。其中，4~6 岁学前儿童家庭 652 个，7~12 岁小学生家庭 1200 个。"爱读 331——日读 30 分钟，月读 3 本书，一生爱阅读"，这是"悦读暖家行动"的口号，也是正在越来越多的福州家庭中发生的事实。

在一个个亲子阅读家庭成员的分享中，我们欣喜地看到，一个月的时间内，亲子阅读家庭成员们在《"悦读暖家行动"阅读指导手册》的引导下，慢慢营造了家庭阅读的氛围：每天坚持 30 分钟亲子阅读，爸爸妈妈开始读儿童文学作品，并细心记录亲子共读的精彩瞬间……在这短短的 30 天内，每个家庭都度过了一段段美好的阅读时光。

很多家长欣喜地发现，孩子的阅读热情与阅读效果都有很大的提升。

*一位妈妈引用活动中读到的曹文轩先生的一句话"一本好书就是一轮太阳"，充满感激地对指导老师子鱼说："一位好老师，就是一轮太阳。"她认为，经过30天的共读，自己更加贴近了孩子的心理，和孩子之间有了更多的沟通方式和娱乐方式，有了更多更深刻的共同话题以及"会心一笑"的瞬间。家长与孩子每天互相朗诵半小时，孩子说话流畅多了……

*一位爸爸分享了自己通过 30 天的努力，成功引导原本"只爱漫画"的儿子开始读"文字图书"的故事，"读完一本儿童文学书就赏读一本漫画，慢慢地他发现还有很多比漫画还好看的书"。他

还提出不一定要抱着什么样的目的去阅读，家长要身体力行，要让孩子感受到阅读的"甜头"，并养成系统规范的阅读习惯，最重要的是，就算活动结束了，也还能保持阅读热情……

＊还有家长说，我们没有从小养成每日阅读的好习惯。当孩子开始接触阅读的时候，我们没有注意或不知道如何帮助他们养成习惯。331——日读 30 分钟，月读 3 本书，一生爱阅读！孩子很明确自己每天可以做什么，应该做什么。前半个月，我们每天都能做到看会儿书，几乎每天都做笔记，感觉每天都收获满满的；后半个月，虽然也坚持阅读，但是经常忘了做笔记，渐渐地连看书也忘了……第一个活动月里，我明白了适当地做笔记能督促自己。慢慢地，孩子会和家长互相监督：今天我们阅读了吗?

＊《窗边的小豆豆》是我和孩子一起读的第一本书，里面有一些有趣的情节，成了我们共同的话题。比如，每次吃饭的时候，我都会说："宝贝，看看妈妈做的菜，哪个是山的味道，哪个是海的味道啊！"

＊在这一个月里，小朋友读完了《安徒生童话》《神奇校车》系列、《大林和小林》《昆虫记》……每天把读书当成一项作业来完成，收获颇丰。首先，收获了读书的信心。小朋友刚开始看书时，总说好多字，他没法看，看一页就要求家长给他读一页，现在即使十几页都是字，没有图，他也能自己静静地看下去了。其次，收获了读书的快乐。这份快乐，是妈妈和小朋友一起分享的。在和小朋友一起读书、交流书中故事的过程中，我们经常会为收获到的知识而会心一笑。再次，收获了读书的益处。除了学到了书中的知识之外，读书还使小朋友的语言更加丰富，对周遭的事物多了

思考，多了观察，多了比较。最重要的是，收获了每天读书的好习惯。看着每天坐着安静阅读的孩子，爸爸一直感叹"真好"。谢谢"悦读暖家行动"，让我们携手同行，分享和传递知识的力量。

*我家参与亲子阅读已有两年多了，除了一日三餐，另外一"餐"就是读书了，谢谢"悦读暖家行动"。以前我们陪孩子读书，看了也就看了，没有任何记录，现在我们会把孩子看过的书记下来，孩子也很喜欢这样的方式。在此期间，我们读过《我爸爸》《我妈妈》《恐龙大百科》《猜猜我有多爱你》等。有时，孩子会回头看看自己都看过哪些书，喜欢的书还会重新翻阅，或者让我们读给他听。

*参与"悦读暖家行动"确实是一次很好的体验。之前，孩子的阅读都是自由散漫的，记得大概在她两岁的时候，她常坐在我的腿上，跟我一起看书，后来从阅读《幼儿画报》开始，接触绘本，慢慢就习惯了以书为伴的生活。后来，家里不断地购进新书，我们就专门给她弄了一个小书柜，她很喜欢，慢慢地自己会找喜欢的书看。可是，她的阅读也存在一些问题，比如不喜欢将自己读过的书与他人分享，尤其是家人。作为家长，我们也在对亲子阅读的认识上存在偏差，以为只要给孩子购买图书就可以了，其实亲子阅读的关键在于营造家庭阅读环境。家长要养成爱看书的习惯，孩子才会在持久的陪伴中养成阅读的习惯并长期保持下去。通过参与"悦读暖家行动"，我们认识了很多爱阅读并善于亲子阅读的家长，触动很大。

*和孩子一起读书，增进了我们之间的交流，让我们有了共同

的话题和秘密，关系也更加亲密。总之，这次活动让我们受益匪浅，也让我们体会到了读书的快乐。现在，只要周末一有空，我们就会去图书馆或书店看书。希望这个习惯能让孩子受益终生！

*心中窃喜！这日积月累的亲子活动，看似简单无物，却自然而然地创造出美好的收获。"悦读暖家行动"，是大人和孩子共同阅读的桥梁！亲子共读，是一份没有日程表的工作，但是我心甘情愿把这份工作一直做下去！

*爱听故事的孩子，善于认真听家人说话，什么应该做，什么不应该做，他都能认真地接受意见。再过几天，我们这一批就要毕业了，不管以后在哪里，我们的阅读行动都将继续。活到老读到老，同时还应让更多的人参与进来，让每位妈妈都能成为孩子心目中最好的妈妈。等孩子长大了，他们会很自豪地告诉身边的朋友：我有一个在我童年时给我读书的妈妈。

家长撰写的"悦读暖家行动"活动心得

有些家庭在活动结束半年甚至两年后，还给主办方写信。

感谢图书馆举办的"悦读暖家行动"，我们在活动群里认识了好几个阅读达人家长，互相加了微信，孩子读什么书、有什么亲子活动等，都可以向他们请教。其中两个已经成了非常好的朋友，孩子们也常常一起玩，一起参加各类活动。非常感谢图书馆提供的这个平台，让我们找到了学习的共同体，让孩子们有了共同成长进步的伙伴。

——予琪妈妈　参加活动半年后

我很喜欢"悦读暖家行动"，喜欢子鱼老师讲故事，他讲了"好长好长的名字"的故事，还有"石头，丢到海里去，咚……"的故事，后来我妈妈还常常给我讲这些故事。现在我有了小弟弟，我也会给他讲故事了。

——予琪，6 岁　参加活动半年后

静下心来观察孩子、记录孩子，你会发现孩子真是太可爱了。参加"悦读暖家行动"，给了我一个新的陪伴孩子的方式。之前只是陪伴和共读，自从有了做记录的习惯，我也会不自觉地成为"观察者"，观察并享受孩子与自己的每一个成长瞬间。

——MIN 妈妈　参加活动一年后

我喜欢那一次的"悦读暖家行动"，子鱼老师讲的故事特别有趣，后来只要图书馆有子鱼老师的讲座，我都会去听。你知道吗？从那之后，我妈妈讲的故事也变得更好听了。在学校的讲故事活动中，我也学着子鱼老师的样子，用表演的方式讲故事，同学们都很喜欢。

——MIN，10 岁　参加活动一年后

感谢自己报名参加了那一期"悦读暖家行动"，养成了睡前共读且随时记录的好习惯。现在，每当我犯懒不想讲时，孩子就会拿子鱼老师的"捡金币"的故事来督促我。有了那一个月的跟随，在共读书目的选择以及共读方式的把握上，我也会以一种研究的心态去对待，而不是随性而为。作为妈妈，我感觉自己有了进步，这真是一件非常棒的事！感谢省少儿图书馆举办这么好的活动，也感谢子鱼老师的付出！

——小南妈妈　参加活动一年半后

作为第一期"悦读暖家行动"的参与者，我受益很多，对亲子阅读、书籍的选择等有了较明确的认识。在参加活动之前，孩子的阅读停留在一个比较粗放的层面上，家长引导孩子阅读的成分少一些。通过参加活动，家长和孩子在阅读的广泛性和多样性上达成了共识，孩子的阅读面更广了。谢谢"悦读暖家行动"！

——小北爸爸　参加活动两年后

孩子从参加活动后到现在，每天中午、晚上都要看半小时的书，上了中年级后，学习任务重，没有时间看书，她就半夜偷偷起来看。活动中，我和孩子得到了子鱼老师的悉心指导，我们都非常感谢他。在成长之路上，能有好老师指导，这是女儿莫大的福气。感谢活动主办方！

——嘉妤妈妈　参加活动两年后

第二章　幼儿阅读与绘本阅读

一、幼儿的阅读与陪伴

幼儿阅读从一本图画书开始，父母是孩子的第一位阅读指导老师，尽早开始亲子共读，是培养孩子阅读兴趣及素养的关键。

阅读对孩子的重要性是毋庸置疑的，那么，父母该从什么时候开始和宝宝共读呢？19 世纪 60 年代以来，愈来愈多的心理学和阅读发展的研究显示，阅读是一种从出生就开始发展的连续能力。因此，阅读应该从孩子出生，甚至还在妈妈肚子里的时候就开始，而不需要等到孩子识字以后。

初生婴儿的阅读，重点不在"听懂"内容，而在于融入与书有关的整体气氛和复制爸妈的阅读热情。婴儿通过听故事及和爸妈的声音互动，熟悉爸妈的声音和故事的节奏，并感受到被爸妈拥在怀里的安全感和爱。

脑神经和学习相关的研究也证实，人的感官受到声音和环境等刺激后，会促进脑细胞的联结，有利于学习。美国华盛顿大学心智、脑和学习研究所的库尔博士指出，6 个月的婴儿的脑部，已经可以将听到的声音归到母语环境的类别里。出生后 3 年之内，通过从周遭世界获得经验，以及和父母或其他照顾者的依附关系，婴幼儿脑神经的联结速度更是快得惊人。如果这样的联结在孩子日常生活中重复出现，就会形成脑部永久的轨迹。父母跟婴幼儿的互动，就是在引导、支持这样的学习过程，尤其在语言学习方面更为直接。常对婴幼儿说话（尽管刚开始时，几乎像自言自语），是促进婴幼儿语言发展的最好方法。而图画书为家长们提供了丰富和多元的说话内容。

从 0 岁开始阅读，除了有助于培养孩子读书的兴趣和习惯之外，还能培养孩子的"书本概念"。书怎么翻、从哪里开始翻、字从哪里开始读（由左至右还是从上到下、每页开始的第一个字在哪里）、什么时候该翻页，这些"书本概念"并非教出来的，而是通过经常翻书阅读得来的。"书本概念"和儿童阅读能力有关。新西兰奥克兰大学教授克雷研究指出，孩子从小养成翻书习惯，就养成了阅读习惯。有了习惯，读书的量和阅读的时间自然愈大、愈长。

培养婴幼儿的阅读素养不是直接教孩子读书，而是为孩子的日后阅读做准备。在此过程中，父母可随时做跟阅读相关的活动，利用游戏、洗澡和睡前时间，创造愉悦的体验，让孩子准备接触阅读。各种研究资料显示，父母和孩子说话、共读得愈频繁，孩子学习和阅读的准备就做得愈充分。首先，让我们了解一下婴幼儿的阅读行为发展过程。

（一）婴幼儿期阅读行为发展

1. 0 到 1 岁半的阅读行为发展（口手并用探索期）

0 岁到 1 岁半（口手并用探索期），婴儿听到人的声音时，会有反应，而且很爱听爸妈跟他们说话（通常会夸张地提高音调和延长字尾）。几个月大的婴儿，会注意且模仿别人的脸部表情。从孩子一出生，就应该开始跟他们说话，倾听并模仿他们发出的各种声音。

和1岁以前的婴儿共读时，焦点应该放在婴儿上，而非书上，要让婴儿将大人念书时的声音和画面，以及喜悦的感受联系起来。书对婴儿来说，跟其他任何物品一样，都要探索一番。拍、打、抓、咬、丢、啃等行为，都是他们认识图书的必经阶段，大人无须纠正。

1岁以上的幼儿开始学走路，因此我们要让阅读行为更富于变化。孩子会把书"搬来搬去"，使得好好坐着和大人一起共读的兴趣减少了，这是正常现象，大人应该顺着孩子的意愿，不要坚持一定要读完一本书。此外，孩子也特别喜欢模仿书中人物或动物的肢体动作。

撕书也是这个年龄段幼儿的特点，通常是因翻书而引起的。他们不仅讶异于自己的撕书动作，也对撕纸的声音感到新奇，于是便想重复同样的效果。父母必须认识到，撕书是孩子探索环境的一种方式，跟孩子的人格、品行无关，可以通过耐心教导使其不再撕书。

2. 1岁半到3岁的阅读行为发展（语言爆发期）

人类的语言发展在这个年龄段进入爆发期。16个月大的时候，孩子的词汇量与日俱增，因此共读图书能最直接地扩大孩子吸收词汇的广度。孩子会急于指认事物的名字，表现在阅读上，就是命名方式阅读，不断指认书中的人或物，并且伴随着肢体动作。因为对他们而言，动作和语言是一体的，都代表着某种意义。

尽管每个孩子的阅读行为发展进程略有不同，但到了两岁时，孩子通常能一页页地翻阅硬皮书，说出图画中的对象名称，对熟悉的故事还能加入几个字去叙述，而且会假装念书给玩具听。这个年龄段的孩子经常拿着一本书在家里跑，大多是因为好玩，或想听故事了。

3岁时，孩子通常能记得自己熟悉的故事里的句子，甚至能讲出故事的大体内容。他们可能会假装念书给自己听，并且学着翻纸质书。如果父母跳过一段他熟悉的故事里的内容，或是用别的内容来代替，他们通常会大声抗议。

3.3 到 6 岁的阅读行为发展（识字期）

这个年龄段的儿童已经能够理解别人的意思了，能遵守指示，清楚地表达了。他们不断提问题，能联系过去的经验，甚至懂得押韵，喜欢听故事。游戏是他们的主要工作，他们喜欢玩象征性的游戏，或是角色扮演。

3 到 6 岁的孩子能听较长的故事，并坚持自己翻书。很多孩子已经会背诵一些童谣，或完整地唱几首歌了。看书里的图画时，他们还能指认一些颜色和形状了。他们也喜欢"假装"，会演出自己熟悉的故事，甚至还会发现更多好玩的事，"发明"好笑的字和故事，并对自己的幽默满意得大笑。

这个年龄段的孩子逐渐从看图说故事阶段，进入识字阶段。他们逐渐意识到形、音、义的对应，能将故事里的语言和句型应用到阅读其他书上，同时也开始运用比喻。随着识字能力的发展，孩子从依赖共读，逐渐发展为自行阅读。

"适龄"是挑选童书的重要依据。因为婴幼儿阅读行为发展阶段的不同，选择童书也各有侧重。

（二）婴幼儿时期适读图画书说明

1.0 岁到 1 岁半的适读图画书

这个年龄段的孩子最适合看形状简单、色彩鲜明和高反差的图画书，因为这类图画能让婴幼儿理解图画的意思。

韵律、节奏和重复性会吸引所有婴儿和幼童。有关熟悉事物的简单故事，以及熟悉事物的命名书都很适合这个年龄段的孩子。动物或交通工具类的书，能提供父母模仿声音的绝佳机会，而且可以让孩子一起模仿。

可以动手移动的，或有质感、可触摸的玩具书，也能吸引孩子。婴幼儿通常将书视为玩具，因此大人应为其挑选体积小、容易擦拭干净的硬纸板书。另外，流传久远的童谣，也是这个年龄段的孩子最好的选择。

2. 1 岁半到 3 岁适读的图画书

童谣和硬纸板书要继续读，同时可以逐渐增加体积较大的硬皮书和纸质书。图画风格可以更加多样化，这个年龄段的孩子特别喜欢自己可以动手参与的立体书和玩具书。

故事可稍微复杂一些，也可以邀请宝宝一起讲故事。押韵的作品很受孩子欢迎。

孩子有参与阅读的欲望，想要说出动物和颜色的名称，模仿动物和车辆的声响，甚至会学大人一个字一个字地"讲"故事，不容许任何更改或错误。

3. 3 到 6 岁适读的图画书

这个年龄段的孩子可能已经有了自己的阅读偏好。父母可以重复阅读孩子已经熟悉、非常喜爱的书，同时增加新的书单。故事情节比较复杂，图画比较注重细节的图画书，都很适合此阶段的孩子。孩子们花在讨论一本书或看图画上的时间，比前两个年龄段更多。

父母要有心理准备，可能会被孩子要求不断重复读同一本书，而且有一些小读者可能会要求父母逐字读，不容许任何更改。这个年龄段的孩子有的还会假装阅读他们很熟悉的书，这反映了他们对书有了更深的认识。

（三）从 0 岁开始的亲子共读

1992 年，英国伯明翰民间机构、大学和图书馆等非营利性组织，合作发起了"从 0 岁开始运动"的活动，伯明翰的保健人员在为 7 到 9 个月的婴儿做例行健康检查时，都会送给婴儿的父母一个礼物袋，里面有两本免费童书、阅读指南，以及图书馆的邀请函。

第一批获得赠书的有 300 个家庭。伯明翰大学持续追踪这 300 名婴儿的表现，结果发现，几年后，获赠童书的家庭对图书的兴趣、亲子共读的频率、全家人一起上图书馆的次数都增加了。这些孩子上小学后，基本学力测试的成绩也优于其他小孩，不但语文好，连算术能力也较佳。后来，英国便开始全面推广，其他国家如日本、美国，也纷纷开始效仿。

从 0 岁开始亲子共读，可奠定孩子一生的阅读习惯、兴趣与基础。以下是专家提醒亲子共读时应注意的几点：

1. 把阅读放进孩子一天里的不同时段，抱着孩子从三五分钟阅读开始，例如睡前。阅读时，不要有其他杂音，以免转移孩子的注意力。如果父母能坚持下来，这睡前共读很有可能能使孩子养成阅读习惯。

2. 随身携带书，一有空就念给孩子听。

3. 家里有个固定的给孩子放书的地方，便于他自己取书。

4. 读你自己觉得兴奋，或孩子觉得兴奋的书。孩子可能会要求你重复念很多遍。

5. 用带着表情的方式念书。通过不同的表情，让孩子想象并感受故事所描述的场景的异同。当书中角色改变时，也试着改变音调。

6. 除非情节需要，否则最好用中等速度读故事，不要太快，因为孩子需要时间消化故事。

7. 讲故事时，父母要随时停下来和孩子讨论，回答孩子的问题，或与孩子一起欣赏图画。

8. 幼儿和学龄前孩童往往会一边听故事，一边动个不停。如果他们的确享受此过程，就允许他们边听边玩吧！

9. 赋予孩子主导权。如果孩子表现出不喜欢这本书，注意力不够集中时，不一定要把书念完。

10. 出声读，让绘本成为亲子互动平台。念故事给孩子听，是分享的过程，更是把内在的、个人的"思考"外显的过程。

11. 亲子共读不是要教孩子读书，而是要享受父母与孩子一起读书的乐趣。如果父母不习惯大声念书给孩子听，不用担心，婴儿和幼儿是最好的听众，他们急于听到父母的声音，急于看到父母的脸。

现在，请抛开所有"想法"，忘掉所有"目标"，选一本你自己最喜欢的绘本，把孩子抱在怀里，用你的声音和爱，带孩子一起翱翔在书的美丽世界里吧！

二、引领幼儿阅读，做一件美丽的事

"做一件让世界变得更美丽的事。"当笔者翻开芭芭拉·库尼的《花婆婆》这本图画书，读到这句话的时候，笔者很感动。主人公艾莉丝坐在爷爷的腿上，答应爷爷一定要让世界变得更"美丽"。这话说得太快，她自己都不知道该怎么做。笔者的心里也有一个愿望——做一件事情让世界变得更美好。但这概念太抽象，抽象得让笔者不知道该如何做。艾莉丝也不知道，于是她离开家乡去海边的城市居住，并在图书馆工作。

每次翻开图画书都有惊喜，笔者终于明白为什么孩子一接触图画书，就能马上安静下来等家长念故事。可以这样说，家长给孩子念故事，就是为这世界做一件美丽的事情。孩子是一株株幼苗，故事是最好的养分。艾莉丝长大之后，大家都叫她卢菲丝小姐，她去旅行，去寻找并做一件让世界变得更加美丽的事情，那是对爷爷的承诺，更是对自己的要求。

《花婆婆》书影

"做什么好呢？这世界已经够美丽了！"笔者听过一句话——"这世界不缺少美丽，缺少的是发现。"如果用一点浪漫的心情对待周围的一切，就会发现美丽。卢菲丝小姐望着大海，她撒下花种子的花园开满了花。她知道该怎么做了。卢菲丝订购的一大包鲁冰花种子寄到了。笔者喜欢图画书中的画面，卢菲丝蹲下来触摸花朵，蓝色、紫色和粉红色的鲁冰花到处绽放。

请你一定读读这本书，翻开《花婆婆》之后，你一定会感动的，因为创造"美丽世界"一点儿都不抽象，它很具体。当卢菲丝小姐很老的时候，她念故事给孩子听，她还在不停地传递这个信息："做一件让世界变得更美丽的事。"笔者喜欢看孩子专注地听故事的神情，尤其是幼儿徜徉在故事之中，时而微笑，就像盛开的鲁冰花。念故事给孩子听，你就是"花婆婆"，正在创造美丽的事情。

念图画书里的故事，可以很直接地朗读出来，孩子很爱听。可以不需要技巧，只要有爱与耐心就行。笔者念图画书的时候，总是安安静静地，一字一字地慢慢读出声。大人也要读图画书，如《绘本之力》。河合隼雄、松居直、柳田邦男，这是日本的三位致力于儿童文学的作家、研究者。他们明确提出，人的一生有三个时期要读图画书：幼儿时期、父母时期和老年时期。在笔者看来，其实人一辈子都应该读图画书。走进图文世界，人是快乐的，犹如走进童年，因为图画书中有孩子一样的心灵。想象的世界在这里尽情拓展，你应该好好地享受这个过程。有了图画书的熏陶，父母更能走进孩子的心中，知道他们需要什么。

在《绘本之力》中，柳田邦男提到大人更应看图画书。他说他读图画书时，会经常看到文字中隐含的深意，或领悟到图画的含义，还会感受到语言的魅力，这都令他激动不已。看似浅白的图画书，真有如此魔力吗？

笔者认为图画书具有"诗性"，简言之，就是像诗歌一样，必须朗读出来。图画书虽然可以默读，但更适合朗读。通过文字讲故事或通过图画讲故事，都能给读者留有想象空间。诗歌必须留一个空间给读诗的人，不可把话说得太明白。诗歌如此，图画书也如此。诗歌具有"诗性"，优良的图画书也具有诗歌般的想象空间，也有"诗性"。

讨论儿童哲学，非借助图画书不可。当我们阅读一本图画书，不再只看图画，不再只读故事时，就说明我们有了诗性修养，或者说有了哲学修养。引导孩子徜徉在图画书的世界里，就是引导他们学会思考。

笔者不想把念图画书说得好像很高深的样子，其实它是浅显易读的，只要大声朗读给孩子听就行。图画书给人很多启示，或者说图画书包含了很多人生哲学。笔者认为，一个人无论什么时候都应该阅读图画书，且不谈可以汲取人生启示，至少读图画书时心情很愉悦。

这种愉悦很明显地反映在孩子身上。笔者喜欢《花婆婆》里那句让人感到美好的话——"做一件让世界变得更美丽的事"。你是不是正在做这件事呢？花婆婆卢菲丝小姐口袋里装满鲁冰花的种子，沿着山坡、小路到处撒，你可以想象来年的画面。当花朵盛开时，世界变得美丽。阅读图画书，便是翻开一页又一页的"美丽"；朗读图画书给孩子听，便是将这"美丽"播撒出去。孩子的耳朵是打开的，随时想听故事；孩子的眼睛是敏锐的，随时想看图像。这些，图画书都能够满足。父母的任务就是大量阅读图画书，并经常念图画书给孩子听。

如果读书是心灵的旅行，那就带孩子去旅行，并从朗读图画书开始吧！

三、"悦读暖家行动"中的亲子共读

（一）念图画书给孩子听

"悦读暖家行动"关键的一个步骤，就是亲子共读，要求父母与孩子一起读书，最好是家长念图画书给孩子听。

朗读图画书其实就是把书中的文字念出来。拿起图画书念出声来，无论有没有朗读技巧，孩子都会捧场。家长第一次给孩子朗读图画书时，孩子睁着大眼睛看着家长，并沉浸在故事的氛围里。孩子的眼里满是幸福，内心充满热情。

《奉茶》这本图画书是图画作家刘伯乐以台湾农村社会中的"奉茶"习俗为题材创作的一部深具情意的作品。土地公每年都要回天庭向玉皇大帝述职，有一次赶路途中，土地公感到口渴时，意外发现了路边的"奉茶"。这免费招待的茶水为何如此甘甜？其实只是一般的茶水而已。土地公沿路走访，发现路边的大树下、村庄入口、田间小路边、渡口、庙埕看戏的地方、十字路口、登山口，甚至荒郊野外都有这种"奉茶"。一页一页翻看这本图画书，不用过多渲染的语言，不用加入自己的看法，完全忠实于原文。家长安静地朗读，孩子专心地聆听。合上书的时候，笔者会心一笑，孩子们的表情很愉快。这本图画书让笔者感到眼前一亮的是：玉皇大帝在通往天庭的南天门牌楼下，也设了"奉茶"。读出《奉茶》的味道了吗？其实就是"人情味"。愉快的下午，为一群幼儿园的孩子们念图画书，笔者也尝到了浓浓的"人情味"。

松居直强调，"绘本是大人念给小孩听的书"。换一个说法，"绘本不只是让小孩自己读的书"，它是大人念给孩子听的书。不论是小学生、中学生，还是大学生，自己读绘本和听别人念绘本，效果都很不一样。笔者也常念绘本给大学生听。出声朗读跟默读文字，效果也不一样。幼儿看不懂文字，更应念给他们听。笔者尝试朗读图画书给自己听时，故事呈现在声音中的感觉确实很特别。当笔者为孩子朗读时，自己也是最早听到自己的故事的人。笔者就这么一本一本地为孩子念图画书，自己也读图画书，图画书成了笔者生活的一部分。

"小孩子不是看图，而是读图。图像成了语言世界。没有任何一张图不会转成语言，即使是抽象画，也变成了语言。因为有线条、有形状、有颜色。孩子读的是图，大人是看图。他们读的是图像中的语言。而就在同时，他们用耳朵在体会语言的世界。从耳朵听来的语言世界和从图读来的语言世界，在孩子的心中合二为一。这时，绘本便完成了。"这是松居直认为要念图画书给孩子听的一个重要理由，笔者也颇有同感。孩子读图画书时，图画书虽是静止的画面，只能借助人的声音来表现，但在孩子们的眼里，那画面是富于动态与活力的。

朗读图画书到底有没有技巧？如果加入一些朗读技巧，让故事活灵活现，更具精彩性，这也是不错的主意。很多人专注于图画书研究，呈现书中故事的方法也趋向多元。若能以各种不同的方式讲图画书，孩子的接受度更高，产生的效果更好，何尝不是一件乐事？

资深图画作家，也是深度研究图画书的专家郑明进写过一篇文章——《如何念书给孩子听》，其中提到念书给孩子听的重要性。郑明进认为念图画书给孩子听的重要性在于：

*引导孩子学习语言；

*让孩子领略语文之美，引导孩子进入文学世界；

*当孩子一边看图画，一边听父母讲故事时，图画和文字传达的意义会同时刺激孩子，促使孩子更深入地思考，提升孩子对事物的认知能力；

*有了"看"和"听"的感官体验，孩子就能感受到喜、怒、哀、惧等各种情绪，于无形中培育他们的情感和美感。

笔者曾经在"毛毛虫哲学基金会"朗读图画书给孩子们听。大家散坐在具有浓浓日式风格的屋子里，榻榻米散发的蔺草香夹杂着几千本图画书散发出的书香，感觉很温馨。讲故事的现场没有吵闹声，唯一的声音是笔者讲故事的声音。笔者再度朗读《奉茶》。在大都市中大概没有人在路边摆一个大茶桶，上面写上"奉茶"二字。就算真有"奉茶"，应该也没有人来喝。笔者在登台湾中级山五寮尖的时候，发现登山口有"奉茶"。笔者惊喜得不得了，用杯子装了一杯，不是白开水，是冰凉的红茶。笔者深感一股人情味涌上心头，这股人情味比茶水还要香浓。

朗读《奉茶》的时候，有些孩子对土地公的形象很感兴趣，刘伯乐把这尊神画得十分平易近人，化身凡人的土地公留着短发白须，还有一点带土味的现代感。土地公是善神，慈祥、温暖，一副人间守护者的形象深植孩子心中。情节的重复，是图画书创作的技巧之一，笔者认为这样可以加深孩子的印象，进而体会与学习。故事有一个温馨的基调，那就是"人情味"。土地公成为凡人之后，经常到村庄入口、田间小路边、渡口、庙埕看戏的地方、十字路口、登山口、荒郊野外、榕树下等地方走访，发现到处都有"奉茶"。相似的情节一直重复，朗读与图画相互搭配，一方面可以引领孩子们进入文学世界，另一方面也用故事的中心思想对孩子们进行适度的刺激，促使孩子们深入思考，提升孩子们对事物的认知能力。在《奉茶》中，笔者读到的是"人情味"。笔者告诉孩子们，给别人一个微笑，与别人分享自己的东西，或去帮助别人，便会有一种看不见的温暖散发出来，那就是"人情味"。换句话说，为孩子朗读图画书，就是用故事温暖孩子。

（二）演奏——在图画书的情境里

认识图画书，是一个必要的过程。笔者相信图画书不只是专属于孩子的书籍，大人应该也有想珍藏的图画书。必须说明一下，这里说的图画书不是指成人绘本。成人应该拥有的图画书，就是专属儿童阅读的作品。大人欠缺童趣、浪漫与想象，图画书刚好可以弥补。一个人无论什么时候都应该阅读图画书，你是不是也应该有属于自己的图画书呢？

笔者喜欢雷蒙·布力格的作品《雪人》，这本图画书有着彩色铅笔淡雅的风格，采用连环画的形式创作的。小男孩在雪地里堆了一个雪人，夜里雪人活过来了。雪人跟小男孩玩耍，还带他到天空中飞行。天渐渐亮了，雪人回到雪地里站着。太阳出来了，小男孩醒了，赶紧到外面看，而雪人已经融化了。这本书没有一个字，故事也非常简单，全由一格一格的图画呈现情节。笔者说不出《雪人》的精彩之处，但它就是能触动笔者的心。最后一页，

《雪人》书影

小男孩看着雪人化为一摊雪水时，笔者心中感到一丝惋惜，同时也感动万分。这本书蕴含的哲理太多了，但那种孩子似的想象与冒险的过程，一直深植在笔者的心里。雪人融化了，想象破灭了，冒险结束了，梦醒了，笔者又变回大人了，有一点失望，却也让笔者回味无穷。因此，这是一本笔者一直珍藏在怀里的图画书。

父母应该把图画书中的启示传递给孩子，虽然孩子往往比父母更有童心、想象与哲思。不过，父母还是得对图画书有一些基本的认识，虽然不必像学者一样钻研。笔者读图画书时，绝不是一打开书就读字。笔者总是站在孩子的立场，从图开始读起。幼儿是不认识字的，图画对他们而言胜于文字。翻阅图画书不是看图，而是欣赏图，是读图，读图就是阅读。通过欣赏图画，孩子们就能知道这本书大致讲了一个什么故事。所以，图画书的图不只是插图，更有其文本意义。

图画书绝不只是一本有插图的书。图画书的文字在说故事，图画在说故事，图文结合起来也在说故事，看似讲的是同一个故事，却又像各说各的故事，这就是图画书"图文协调"的特性。以图为主，以文为辅，图文之间有一条贯穿情节始终的轴线，隐隐地揭示着故事主题。讲图画书故事时，大人往往只着重文字叙述的故事，而孩子注重的是图画叙述的故事。"图文协调"使图与文彼此叙述的故事内容不冲突，和谐统一，在结构中充分变化、运用和展开，使故事主题丰富且令人满意地表现出来，这就是"图画书"。

"图文协调"是图画书的基本特征，有了这个认识之后，我们就知道如何选择一本好的图画书了。笔者非常喜欢《爱花的牛》——曼罗·里夫与罗伯特·劳森合作的作品。笔者觉得这本书

《爱花的牛》书影

讲的是一种温柔的反抗。公牛费迪南只爱花香，拒绝与斗牛士血拼。希特勒下令焚烧书籍的时候，这本图画书也被列在焚毁书目中，因为温柔的反抗也充满"反战、和平"的含义。对孩子而言，反战、和平也许太沉重，但看公牛爱花香不爱斗牛那一种让人感到好笑的对比画面，就会产生温馨的感觉。孩子翻阅《爱花的牛》时，只看画面，因为图会说话，连贯的画面已经将故事讲清楚了。书上的文字只具备辅助功能，让故事讲得更清楚。每一页的文字不多，刚好搭配画面，难怪"小大读书会"的创办人林贞美提出：朗读图画书不可增一字，不可少一字，因为作者与绘者已经将图与文做了最完美的结合。我想这是"图文协调"最好的诠释。

"照本宣科"，是朗读图画书最简单的方法，忠实地将故事念出来，将图画呈现出来。《爱花的牛》中，当斗牛士对费迪南毫无办法时，那画面惹来孩子的阵阵笑声。当费迪南被送回牧场时，它那种无知的憨样，在"图文协调"的作用下，如一股暖流涌上读者心头。

笔者在"毛毛虫哲学基金会"讲图画书故事时，从创办人杨茂秀口中了解到一种"朗读"图画书的方法——演奏，这引起了笔者极大的兴趣。

"念图画书时怎么演奏呢？"笔者问。

"你朗读图画书时难道都不加入情感，只是干巴巴地将文字念出来吗？"杨老师反问。

他这么一说，笔者忽然悟到了什么。将书上的文字一一念出来，显得有些生硬，如果加入感情，效果是不是会更好呢？可只是单纯地加入感情好像太笼统了，笔者忍不住再问："念图画书时加入感情？怎么加入啊？又为何叫'演奏'呢？"

"你念图画书时，如果故事情节是快乐的，你的心情就要有快乐的感觉，语调要轻松，语速要轻快；如果故事情节是悲伤的，你的心情就要有悲伤的感觉，语调要低沉，语速要缓慢。掌握这个要领，就是'演奏'图画书。"

笔者一直思考这几句话的含义，"演奏"就是要把故事的"情感"表现出来，朗读图画书时，随情节变化调整心情并呈现在语调与语速上，那样效果就不一样了。

什么是图画书的"演奏"呢？用一个简化的公式说明，就是：

朗读＋情感＝演奏。

再简单一点说，就是念故事时，要把情感加进去。"演奏"图画书，指掌握图画书的情节，在叙述节奏上投入情感，朗读的过程犹如乐器演奏，在音调的高低起伏中融入情感，这时听来就格外有感情。笔者喜欢"演奏一本图画书"的说法。听故事好比看一场戏，如果戏台上的演员没有将情感投入到表演中，你一定会觉得演员的演技太差，对白干巴巴的，演员没有将情感投入剧情中。戏剧演出需要演员以演技表现故事情节，同理，朗读图画书则需要朗读者以"演奏"的方式表现故事情节。

图画书讲求情境，不单靠文字表现情节，每一幅图画都有深刻的故事含义。以"演奏"的方式朗读图画书，犹如戏剧演出般让孩子领略故事的文学性、哲思性，展现图画的过程是读图也是美学引导的过程，"演奏"是为了引领孩子进入图画书的情境。当家长和孩子一起"演奏"图画书时，就是在开一场小小的读书会。

（三）"演奏"图画书活动开始了

遵循图画书图与文和谐统一的原则，"照本宣科"，同样离不开"演奏"。郑明进关于念书给孩子听的原则，很值得我们借鉴。"演奏"图画书就要开始了，请做好一些必要的准备。

> *朗读图画书之前，必须向孩子介绍图画绘者的生平与创作背景、动机等。
>
> *在语言方面，要掌握书中每个人物的性格特征，分别站在他们的立场念给孩子听，让每个角色都有自己的声音。有时甚至可以模仿动物的叫声、机械声、风声、雨声等，制造逼真的气氛。
>
> *要懂得把握图画和文字之间的发展架构和匹配技巧。最好一边讲故事，一边用手指出书中的人物、场景或值得特别注意的细节，引导孩子学习如何用心欣赏一幅画，培养孩子的鉴赏能力。
>
> *适时加上手势、身体的动作和面部表情，以强化整本书的戏剧性，激发孩子的兴趣。
>
> *注意周围的环境，如室内的温度、亮度，或室外传来的噪声等，这些都会影响孩子的注意力。

这几条原则把"演奏"图画书的方法阐述清楚了。那一次，在"毛毛虫哲学基金会"讲完故事后，笔者一直思考杨茂秀关于"演奏"的说法。读到郑明进关于念图画书的原则后，笔者便尝试着使用这些技巧，孩子们听故事的兴致果然更高了。

几周之后，笔者再次来到"毛毛虫哲学基金会"为孩子们朗读图画书，这次的故事是《阿非，这个爱画画的小孩》。那时"毛毛虫"的管家是林小杯，这本图画书正是林小杯的作品。教室周围都是一格一格的木头书柜，书柜里摆放的全都是图画书。"毛毛虫哲学基金会"是台湾最早的绘本馆之一。"演奏"《阿非，这个爱画画的小孩》，从封面开始讲起，笔者故意模仿那个噘着嘴的阿非，一脸不高兴的样子。原来喜欢画画的阿非，有一天忽然不喜欢画画了。故事的感情基调由欢喜转变为不开心，笔者用表情表现出来，连讲话的声调都刻意变化。后来，阿非在朋友的开导下，再度燃起画画的热情。笔者又随着阿非的变化，情绪再度转变为欢喜，声音也表现出快乐的样子。这个故事有三次情绪转变，确实像孩子的脾气。因为笔者投入情感"演奏"，孩子们听得津津有味。

请认真聆听故事，每一本图画书都是有感情的，沉浸在故事中是幸福的。

四、"悦读暖家行动"中的共读技巧——如何"演奏"图画书

（一）朗读图画书之前，先预读几遍

预读的目的，在于了解故事发展的脉络，掌握故事的进展与停顿，熟悉故事的内容，了解图画的安排。多读几遍有利于感受情节与画面之间的巧妙结合。

* 预读的功能在于熟悉故事内容。
* 预读的功能在于有利于安排"演奏"。
* 预读的功能在于判断声音的高低起伏变化。
* 预读的功能在于分析哪段情节要投入情感，角色如何扮演。
* 预读的功能在于做好先前功夫，安排用什么方式"表现"这本书。
* 预读时要考虑是否要延伸阅读，应如何安排后续的讨论。

有了"预读"的准备过程，朗读者就熟悉手中的图画书了。当然，预读虽然不是正式讲演，但我们要假设观众就在眼前，这样才有效果。

（二）朗读图画书时，要让故事有效"演奏"

预读图画书的时候，必须读出声来。这里所谓的"朗读"有别于一般的朗读方式。高亢、洪亮的声音不适合图画书的"演奏"，那样太严肃了。"朗读"图画书是以"演奏"的方式进行的，情感随情节变化而变化，笔者称之为"说演式朗读"。笔者阅读图画书的时候，总喜欢轻轻地念出声来。既然是"演奏"，自然要用声音表现故事情节，因为只有发出声音才能感受节奏。图画书是非常适合出声朗读的。笔者相信图画绘者在创作时，一定考虑到了他的作品必须朗朗上口。幼儿是借助朗读者的声音来阅读和学习的。朗读图画书时，最忌讳声音断断续续。预读作为有效的朗读练习，其作用就是将图画书"演奏"得生动些。

朗读不只是"朗读"，而是要随着喜、怒、哀、惧的情绪表现，加上声音的变化，这是"声音表情"演出，更是图画书"演奏"的关键，所以预读不能随便念一念。既然是"有效的演奏"，就必须有所设计。笔者喜欢在镜子面前调整朗读图画书时的表情。朗读者在镜子面前，要学会如何随着故事情节发展，调整脸部表情、声音语调、肢体动作等，以制造图画书"演奏"的戏剧效果。

（三）发挥自己的声音的独特性

我们来谈谈"演奏"图画书的声音技巧。可先从熟悉自己的声音开始。聆听自己的声音，想想应如何通过声音吸引人，然后发挥声音的特性，融入情感，这便是"演奏"图画书的技巧。如果可以字正腔圆地用标准普通话朗读图画书，那就字正腔圆地朗读；如果普通话不标准，那就用不标准的普通话朗读图画书。笔者知道"毛毛虫哲学基金会"创办人杨茂秀很会讲故事，不过他的普通话不标准，带着浓浓的闽南腔，听起来相当特别。他善用特别的闽南腔普通话，锤炼朗读、说故事的技巧，展现自己的风格，让听众大呼过瘾。

任何人的声音都是独一无二的，别担心自己的声音不好听，也别在乎自己的普通话是否标准，而应注重如何呈现声音的独特风格。发挥自己的声音的独特性，将它变成自己的风格，只要我们的朗读风格能吸引孩子，我们就是"演奏"图画书的"高手"。

（四）念图画书时，要不断调整声音的节奏

若要消除讲故事时的紧张感，首先要熟悉自己的声音。当声音从我们口中发出来的时候，其实我们是自己的第一个听众。熟悉自己的声音，才能捕捉自己说话的节奏；掌握说话节奏，才能感受自己的呼吸节奏；呼吸节奏得到有效调节，身体自然会放松；身体放松下来，就不紧张了，讲起故事来也就自然流畅多了。

如何"设计"自己的声音？这有赖于自己下功夫。笔者建议将自己的声音录下来，不时听一听，并作适当的修正，找出其吸引人的特质，加以练习后就成了独特的声音，也就是自己的"声音风格"。

"演奏"图画书时，不妨让自己的声音响亮起来，比平时说话的音调略高一点。若在床头讲图画书，则应恢复平时说话时的音量。图画书里有图画，有故事，有对话，有情境。图画书的语言是口头语，接近于平时说的话，孩子容易理解。

（五）加入情感，使朗读富于变化

朗读图画书要加入自己的情感，"演奏"起来才会格外生动。我们

按照情节变化来表现朗读速度，在高低、快慢、轻重、缓急的速率中，让情感自然流露。

技巧	对应的情节或感情
声音稳定且平缓	以一般朗读速度念出声音，呈现情节。
声音高亢且急促	当情节出现紧张、危急、刺激时的声音表现。如主人公很急躁或者处于抓狂状态时。
声音响亮且沉重	当故事人物生气或正在强调、坚持某件事情时。这是愤怒低吼的声音。
声音轻巧且柔美	情节舒缓、安详、唯美时。情绪温柔、安定时。
声音粗低而坚定	情节可能具有威严、严肃的含义，且警告意味强烈。如权威人士在讲话，或者警告某人。
声音由小而大	故事人物可能有不耐烦或者刻意强调时。说话声音越来越大，如故事人物为不能出去玩而感到烦躁。
声音由大而小	需要保持安静时。如走过一个正在沉睡的巨人身旁时。
变声做角色扮演	根据角色的身份作适度的变声，听众才能分辨角色。

这些关于"演奏"的技巧，是我们在图画书预读时就要先行设计好的。朗读时，技巧很重要，但演出时又不能过度拘泥于此。总之，"演奏图画书"永远只有一个要求——吸引孩子。

（六）"演奏"图画书也要加入肢体语言

拿着图画书讲故事，虽然无法适度展现肢体的动作，但仍可以用几个简单的手势进行表演。记住！拿着图画书的手不要晃动。

肯定就握个拳，开朗就伸个掌，·惋惜就甩个手，否定就摇个头，认同就点个头，忧愁就轻摸下巴……

情绪随着情节变化而调整：睁大眼睛表惊讶，皱皱眉头表疑惑，面带笑容表欢喜，横眉竖目表愤怒，下巴略抬表骄傲，嘴角下弯表哀伤……即使"演奏者"的表情变化不到位，孩子也能感受到故事情节的变化，也会听得很开心。

在孩子的眼中，讲故事的人也是图画书的一部分，因此讲故事的人不能只是动动嘴，僵硬地站在那儿。

是否为"有效的演奏"，就在于朗读图画书时，是否达到下列要求。

是	否	内　　容
		朗读故事的声音是否流畅、清晰且优雅？
		哪段情节投入什么样的感情，都已安排清楚？
		故事中的角色的声音、表情都已设计好？
		讲故事时，声音的高低、起伏、轻重、快慢也已设计好？
		是否掌握了故事中的情绪变化？
		肢体与表情的变化随故事情节而变化，是否已经设计好？
		你是否融入了感情，成为故事的一部分？
		你是否投入了感情，做有效的"演奏"？

念图画书时，我们可以直接打开书本就念，完全不需要技巧，但若以"演奏"的方式投入感情来朗读，手中的图画书就更具生命力了。"演奏"图画书时，讲故事的人是故事的一部分，讲故事的人要"入戏"，孩子才能受到感染与熏陶，讲故事的人与孩子进行一场读书会的目的也就达到了。用故事"喂养"孩子，就是在"做一件美丽的事"。

第三章　儿童阅读与儿童文学

一、认识儿童文学

对于大多数家长而言，他们不知道儿童文学是什么文类，都只认为是写给儿童看的作品，如童话、寓言故事。有人甚至认为儿童文学是"小儿科"，难登文学殿堂。事实上，儿童文学是适合所有年龄的人阅读的。作为"阅读守门人"的父母，对于儿童文学应有基本的认识。

儿童文学与儿童画、儿童音乐，在某种意义上来说其目的是一致的。

（一）儿童文学是写给儿童的文本

什么是"儿童文学"呢？彼得·杭特在《儿童文学》一书中指出，"儿童文学"指的是"写给儿童的文本"。

一般来说，文本是语言的实际运用形态。在具体场合中，文本是根据一定的语言衔接和语义连贯规则而组成的整体语句或语句系统，有待读者阅读。简而言之，儿童文学文本的呈现形式不只有书籍，它可以是任何形式的供读者阅读的文本。

彼得·杭特还提到，儿童文学显著的特征之一就是缺乏文类的"纯度"，不论是书籍、电影、影集、日记、传记，还是周边产品，这些被商业所驱动，经改编、再制、吸纳所生成的产物，都属于儿童文学。

所以，儿童文学是一个很大的概念，不仅限于书籍。

（二）儿童文学是专供儿童欣赏的文学

儿童文学作品有一共同点，即必须适合儿童阅读，儿童能接受。林守为在《儿童文学》一书中提到，"儿童文学"最简单的解释，就是专供儿童欣赏的文学。简单的一句话，包含了三个重要信息："儿童""文学"和"专供儿童欣赏"。儿童文学类别和形式大体如下表所示：

类别	形式
散文类	故事、寓言、散文、神话、童话、小说
韵文类	童诗、儿歌、童谣
戏剧类	广播剧、电视剧、舞台剧、电影、民俗杂戏
图画类	绘本、图卡、画册

（三）儿童文学表现儿童的想象与情感

吴鼎在《儿童文学研究》一书中提到儿童文学的内涵：儿童是人生发展过程中的一个阶段，富于幻想、好奇、同情、想象、勇敢、冒险以及崇拜英雄等种种心理，他们与成人完全不同，他们生活在自己的天地里。

所以，儿童文学应该表现儿童的想象与情感，应儿童天性的要求，扩大人生的喜悦、同情与兴趣。用最简单的话说，就是：儿童文学就是儿童自己的文学。

儿童的想象是天马行空的，我们不能阻止孩子关于故事情节的幻想，他们往往喜欢跳离现实的逻辑。如林良先生对童话下的定义："合情合理的胡说八道；至情至性的荒诞怪稽。"这段话可以说是对儿童文学的巧妙的定义。"合情合理"是逻辑，"胡说八道"就跳离现实了；"至情至性"是情感，"荒诞怪稽"就有了幻想。

（四）儿童文学的三个层次和两大部类

儿童文学与儿童发展有着密不可分的关系。王泉根先生发表在《浙江师范大学学报·儿童文学研究专辑》上的论文《论少年儿童年龄特征的差异与多层次的儿童文学分类》，主张把儿童文学分为三个层次：幼年文学、童年文学和少年文学。

后来，他又在《论儿童文学的三大层次与两大部类》中提出，根据接受主体的审美意识的不同，可将儿童文学分为"儿童本位"与"非儿童本位"两大部类。这就是"儿童文学的三个层次两大部类"之说。

儿童文学的三个层次和两大部类之分，是为了突出儿童文学的适读性与儿童阅读的专属性。

幼年文学指的是给学龄前孩子阅读的文本，以绘本为主，例如《疯狂星期二》；童年文学指的是给小学阶段孩子阅读的文本，以桥梁书为主，例如《昆虫也要排名次》；少年文学指的是给小学高年级至初中生阅读的文本，以跨越书（少年小说）为主，例如《城南旧事》。"跨越"指从少年儿童阅读跨越至成人阅读。这是一个循序渐进的阅读成长过程。

"儿童本位"的儿童文学作品，指专为儿童创作的作品，作家的创作明确以少年儿童为阅读对象，为其心智、年龄量身打造。例如，《夏洛的网》就是E·B·怀特专为儿童创作的一部儿童小说。"非儿童本位"的儿童文学作品，指作品是给成人看的，但也可以经过再创作，使用儿童能读懂的语言，改写成适合儿童阅读的作品，例如《西游记》。

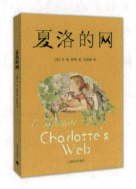

《昆虫也要排名次》书影　　　　《城南旧事》书影　　　　《夏洛的网》书影

（五）儿童文学游戏的特质是不违反教育规律

林守为在《儿童文学》一书中提到：儿童时期是游戏的时期，儿童生活是游戏的生活，阅读对于儿童也仅是一种游戏的项目。游戏的目的在于追求愉快，游戏的动机在于趣味，那么为儿童编写的文学作品，应以符合儿童游戏的要求为准则。林文宝在《儿童文学故事体写作论》中提到：儿童文学当以满足儿童游戏的情趣为主，阅读儿童文学作品应出于儿童自愿与引导，除满足儿童游戏的情趣之外，不可违背教育的原则。这些观点翔实地说明了儿童文学游戏与教育之间的关系。

儿童的天性是爱玩的，"游戏"是孩子将来进入社会前的一种实践。儿童文学含有游戏的成分，以符合孩子游玩的天性为原则进行艺术创作，但提供给孩子的"游戏"不失其教育的成分，以教育为本质但要不露痕迹地植入儿童文学作品中。教育在儿童文学作品中是隐藏在情节背后的，文本讲求"隐喻"。儿童文学给孩子以娱乐，而不是教训，过度强调"教训"的儿童文学作品是低质的作品。

二、儿童文学与儿童读物

儿童文学属于文学的一个支流，儿童读物属于儿童文学范畴。儿童文学是一个大框架，儿童读物属于儿童文学的一部分，也就是以书籍为主的儿童文学。这是对"儿童文学"狭义的解释，儿童文学泛指儿童读物。

儿童读物的产生始于教育儿童的需求。在"童年"这个词没有被造出来之前，人们皆认为小孩是缩小版的大人，儿童的一切学习都要为成为大人而准备，儿童文本皆含有严肃的教育意义。

18世纪以后，人们才开始研究儿童的兴趣和教育的关系，并认为儿童不是缩小版的大人，他们应有属于自己的文学作品。

儿童读物一般称为"课外读物"，儿童阅读离不开儿童读物。林文宝在《儿童文学故事体写作论》中对"儿童读物"有明确说明：

著名儿童文学教授、儿童阅读推广人林文宝

（一）儿童读物的特质与意义

一般说来，"读物"指的是书籍、杂志与报纸，因此"儿童读物"是指专供儿童阅读、欣赏、参考或应用的各种书报杂志。这种属于儿童的读物，是按照儿童的需求经过一番精心设计编印而成的。从广义上说，凡适合儿童阅读、欣赏、参考或应用的书报、杂志，甚至幻灯片、电影、电视剧，皆为儿童读物；从狭义上说，儿童读物是仅供儿童课外阅读的书报与杂志。

儿童读物有文字与图画，因写作目的的不同，又分为非文学类和文学类。非文学类儿童读物可称为知识性读物，着重介绍各种知识；文学类儿童读物，着重传达美感或游戏性的情趣。幼儿喜欢图画，图画能引导幼儿领会语言、声音与意义等。严格说来，儿童读物离不开图画。

（二）了解儿童对儿童读物的喜好

傅林统在《儿童文学的思想与技巧》一书中提到，为孩子提供儿童读物，一般存在三个课题：

1. 了解儿童喜欢什么样的书；
2. 了解什么样的书才能帮助儿童成长；
3. 研究怎样表现才能抓住儿童的心。

从这三个课题可以发现，提供给孩子的书籍应考虑孩子的心理、生理成长状况与能力。阅读是最实际的能力，它是所有学习的基础。儿童读物有别于教科书，它必须考虑儿童的兴趣，激发儿童的阅读兴趣。

儿童阅读的兴趣与读物的特质，内容的难易，儿童的年龄、性别、智力、学习能力等都有密切的关系。

艾伟在《儿童阅读兴趣之研究》中提到，儿童读物的重要特质可分为：1.惊异；2.生动；3.动物叙述；4.谈话式；5.幽默；6.情节；7.男性；8.女性；9.儿童；10.成人；11.静的叙述；12.知识灌输；13.道德暗示。

儿童感兴趣的是前 9 项；儿童不感兴趣的是后 4 项。儿童对韵文并不感兴趣，但适当融合一些，只要处理得当，也能引起儿童的阅读兴趣。

许义宗在《儿童阅读研究》一书中探究了儿童读物与儿童阅读的问题，发现儿童喜欢的读物，具有以下特质：1.趣味；2.新奇；3.惊奇；4.变化；5.同情；6.正义；7.含蓄；8.动作；9.积极；10.暗示。为迎合儿童阅读的兴趣，在创作儿童读物时，最好能掌握这 10 个特质。

（三）儿童读物的可读性

"可读性"指作品适合阅读的程度。可读性强的作品，具有用词大众化、句子短、段落短等特点。

"可读性"是儿童读物的关键。

关于儿童读物的"可读性"，辛普森在《世界百科全书》一书中归纳了六个重要因素：1.句子的平均字数；2.常用字的多寡；3.词汇的平均音节数；4.长而复杂的句子数；5.抽象观念的多寡；6.人称代词的使用。

（四）衡量儿童读物优劣的基本标准

有人认为儿童文学作品里的事件必须有儿童参与，主人公必须有儿童。这不是绝对的，但儿童文学应该具有儿童意识，正如林良所

著名儿童文学作家林良

说，"流露儿童意识世界里的文学趣味"，也就是要有儿童对事物的看法和想法。"儿童意识世界里的文学趣味"包括：

1. 纯真

用儿童纯真的眼光去观察事物，常会让人产生很多新的观点，往往能揭露成人世界的复杂、虚伪。拥有孩子般纯真的心理才更能接近儿童。

2. 没有时空观念

在儿童的观念里，时空是可以扭曲的，或者说儿童有一套属于自己的时空观念。孩子们不清楚时间的"不可逆"，对于"穿梭时空""时空静止""时空倒置"等情节出现在故事中，是能接受的。

3. 物我关系的混乱

儿童可以跟任何人物、动植物或空间对话。他们关爱周遭的一切，眼里的一切都是有生命的。

4. 想象自由

儿童心灵纯真，想象力不受拘束，思维活跃，精力十分旺盛。即使是天马行空的想象，孩子们也有自己的思维模式。

因此，在创作儿童文学作品时，作家应以儿童为本位进行创作，这也是衡量儿童文学读物优劣的基本标准。

三、认识故事体文本

故事是儿童文学的主流形式，韵文类如童诗、童谣，虽属儿童文学，但不如故事吸引孩子。以故事为对象做深入研究，是了解儿童文学的一门重要功课。

（一）儿童故事

故事，起源很早。故事不只为儿童而讲，任何年龄的人都爱听故事。吴鼎在《儿童文学研究》一书中指出：故事就是人或物在某一时间某一地区的动态，这动态具有特殊的意义，经作家阐述出来，不必追溯其来由，亦不必详述其后果。这段话大概的意思是，故事是地方传说的产物，也许没有开始，也不需关注未来。总之，故事就是故事，不必在意它们是怎么来的。

什么是故事呢？佛斯特在《小说面面观》中提到，故事是一些按时间顺序排列的事件叙述——早餐后中餐，星期一后星期二，死亡后腐烂等。这句话告诉我们，故事是有时间和事件的。

什么是儿童故事呢？简单地说，就是以儿童为主要受众，适合儿童欣赏的故事作品。故事是儿童文学的主干，可分为"想象故事"与"写实故事"。林守为在《儿童文学》一书中提到，儿童故事按照内容可分为四大类：

1. 生活故事：以儿童为主角，叙述实际生活的故事；
2. 自然故事：以自然物为主体，叙述其生活和特征的故事；
3. 历史故事：以史实为根据，记人、记事或记物的故事；
4. 民间故事：只流传于民间的口述故事，故事大多是根据传说而来的。

（二）神话

神话，最简单的解释就是"神的故事"。关于神话的起源，大概可以这么推测，那是先民对于自然现象的解释，解释的方式是幻想虚构和神奇魔幻的。

无论是幻想虚构还是神奇魔幻，神话故事大都是关于宇宙起源、神灵英雄的故事，或者自然界的发展历程、宗教风俗等。因为它具有幻想成分，孩子们自然十分喜爱。

林惠祥在《神话论》中，根据神话的不同性质，将其分为以下几类：

1. 开辟神话：包括天、地、自然物、人类的起源说，比如神灵造人的故事；

2. 自然神话：包括自然万物与自然现象的神话，最常见的是日、月神话；

3. 神怪神话：包括神祇与妖怪两大类，他们都属于超自然的物种，充满奇异色彩；

4. 死亡、灵魂与冥界：这是对人死亡之后产生迷惑而衍生的神话，三者互相关联；

5. 动植物神话：动植物起源之说，常与人类起源的神话相结合；

6. 风俗神话：包括社会制度与生活记述两种，前者属于精神层面，后者属于物质层面；

7. 历史神话：根据历史事实，加入神话色彩描述而成的故事；

8. 英雄或传奇神话：叙述某位英雄带有传奇色彩的故事，这类神话大多没有历史根据。

神话的特质可用"神奇性"一词来概括，这神奇性还带有感性与神秘。

神话的"神奇性"使其贴近儿童的好奇心，所以很受孩子们欢迎。

（三）寓言

寓言是一种篇幅短小却寓意深刻的文学体裁，它通过故事告诉读者某个意味深长的道理，给人以启示。

寓言，在古代文化发达的国家或地区就已经出现。可以这么说，古人接近自然，崇尚自然，同时富于幻想，他们能从形形色色的自然中体会某种道理。这种道理如果理论化便是哲学，如果故事化便成了寓言。可见寓言含有深层的道理，具有哲学思维。

早期寓言主要通过口头或宗教仪式来传播。有了文字之后，寓言逐渐脱离原始形式，成为文学的体裁之一。寓言同神话一样，都是古老的文学，是先民智慧的结晶。

西方文学对寓言的解释大致是：寓言是一则简短的故事，用散文或韵文书写而成，具有教训或指示意义。故事中的角色大多为动物，有时人类或无生命的事物也可以成为故事的主要角色。

林守为在《儿童文学》一书中指出：寓言是寄寓高深意思的一种故事。寓言属于记叙文，每一篇寓言都叙述着一个故事。但它的目的不在叙述这个故事，而是借这个故事来表达某种高深的意思。所以，就儿童而言，寓言用浅显易懂的语言叙述故事，再假托这浅白的故事将人生哲理传递出去。可以说，寓言是"含有隐喻的故事"。

（四）童话

真正以儿童本位来书写的体裁是"童话"，它可说是儿童文学的主流。

童话是从神话、寓言、传说、民间故事等演变而来的，这是童话的"演变说"。就像格林兄弟到民间收集故事结集成书，那是对古典童话的传承。随着时代的发展，现代儿童文学作家汲取丰富的素材之后，发挥丰富的想象，专为儿童而写的童话属于现代童话。

苏尚耀在《童话写作研究》中提到：童话是讲给儿童听，或写给儿童看，为儿童所喜听乐读的凭空结构的故事。林良在《童话的特质》中提到："童话"是作家通过儿童的"意识世界"和"语言世界"去描绘"童话世界"。总之，童话的阅读对象是儿童。至于童话的定义，林良一语中的："合情合理的胡说八道，至情至性的荒诞怪稽。"

许义宗在《儿童文学论》中提到，根据童话的内容、发展、写作技巧及特殊风格，可将其分为古典童话与现代童话。

古典童话：指那些流传于民间的神话、传说或民间故事。没有明确作者，通过口述，一代一代传承，后由人整理结集成适合儿童阅读的作品。例如《格林童话》《天方夜谭》等。

现代童话：怀揣时代意识的作家，专为儿童创作的一种超越时空、天马行空的故事，富有创造性和想象力，也有新的内容。

童话具有什么特质呢？林良在《童话的特质》里用"积木"来建构童话。

第一块积木为"物我关系的混乱"：在童话里，孩子可以跟树讲话，可以骑在龙背上遨游。

第二块积木为"一切的一切都是人"：在童话里，猫骂老鼠，燕子安慰快乐王子，作家把一切的一切都看成了人。

第三块积木为"时空观念的解体"：在现实世界里，时空具有高度的真实性，但在童话里，时空被扭曲、解体了，所以才会有魔豆一夜之间长到天上这样的情节。

第四块积木为"超自然主义"：自然法则不能接受的事情，在童话里都可以发生。彼得·潘的影子被扯破，温迪帮他把影子缝回去，这就是超自然现象。

第五块积木为"夸张的观念人物塑造"：童话里的人物都是单一观念的人，让他做一件事之后，就一直做那件事。所以才会出现好吃的人一天到晚一直吃这样的情节。

（五）少年小说

儿童不可能一直停留在幻想、想象的世界里，同时也必须面对真实的人生，而连接"幻想"与"真实"的桥梁，就是"少年小说"。

小说是以刻画人物形象为中心，通过具体情节来反映社会生活的文学体裁。小说是文学中重要的支柱，少年小说在儿童文学里也占有重要的一席。童话与少年小说堪称儿童文学的两大门类。童话可以自由超越时空，物我混乱，少年小说则必须限制在现实的必然性中。简单地说，小说以现实为法则，以因果关系为准绳，如果涉及现实中不可能发生的事件时，也要根据现实逻辑来创作。

少年小说有哪些类型呢？许义宗在《儿童文学论》一书里将其分成六类。

1. 现实小说：以贴近现实的方式描写孩子的生活情形，比如孩子在家或在学校的欢乐、悲伤、烦恼等。

2. 冒险小说：以少年的冒险故事为核心，充满刺激、悬疑与化险为夷等情节。将种种意料之外的危险事件，用某种连锁的形式组织起来，以增添跌宕起伏的故事效果。

3.侦探小说：主人公通过思考、推理、判断，从而揭开事情真相的小说。如何观察、推理，遇上危险时如何化险为夷并侦破案件，这是侦探小说吸引人的关键。

4.动物小说：以动物为主要角色的小说，写出动物的成长与遇险等的故事。一般有两种形式。一是动物人格化，动物和人一样，有感情、心情，故事情节反映的也是人心。二是根据动物的实际生活形态创作故事。

5.历史小说：以历史事件或历史人物为题材，塑造一个虚拟的少年与历史人物一起经历历史事件而成的小说。这类题材受史实和人物的真实性限制。

6.科幻小说：以科学原理为依据，却又充满幻想，能将读者带入科幻世界的小说。

少年小说不变的主题是成长、励志，故事情节可以虚构，但真实的逻辑不可违背。少年小说的三要素是：主题、故事、人物。

主题：主题是抽象的，它是一种思想、精神、哲理或含义，一般不容易被发现，作者也会刻意将其隐藏在情节中。

故事：故事是小说必须具备的要素。但故事按照时间顺序发展，重点在因果关系。小说不只是故事，它融入了更多的情感。

人物：不管主题如何冠冕堂皇，故事如何生动感人，若没有人物在情节中的精彩表现，小说就没有生命。人物是小说的命脉，故事需要人物去推动，主题需要人物去深化。一般的故事未必有创造人物的必要，但小说必须创造人物，小说里的故事就是人物的故事。

四、建立阅读家庭，帮助孩子爱上阅读，爱上儿童文学

作为阅读推广人，笔者常与家长面对面谈论亲子阅读的做法，也谈到亲子阅读面临的困境。在笔者看来，阅读是一种习惯，只要养成习惯，再忙都会抽空阅读。进入校园与小学生、初中生谈阅读时，笔者提出的关于阅读的口号很简单——简单的事情重复做。"简单的事情重复做"，其目的就是养成"习惯"，因为习惯来自反复操作。阅读成为习惯，才是有效率的阅读。不能长期坚持，昙花一现，那是无效的阅读。

胡硕匀所著的《重复的力量》一书中提到这样一个概念：重复就会熟悉，熟悉就会熟练，熟练就容易爱上。

"简单的事情重复做"，"简单"二字也很重要。事情不能太过复杂，如果操作流程烦琐，难以完成，那就不容易重复了。

阅读习惯的养成，不外乎"重复、重复再重复"。"简单的事情重复做"，阅读便循序渐进：重复→熟悉→熟练→爱上。

杰克·霍吉在《习惯的力量》一书中提到一个数字：21。21指的是"21天效应"。什么是"21天效应"？行为心理学指出，若要形成一个新习惯或理念，至少需要坚持操作21天。换一个说法，某个动作或想法连续重复21天，就会成为习惯。

"21天效应"的实践过程，大致可分为三个阶段：

阶　段	天　数	说　明	效　果
第一阶段	1~7 天	在这个阶段，必须"刻意"去做某件事，强迫自己坚持。	习得操作要领，不再生疏，但要刻意坚持。
第二阶段	7~21 天	在这个阶段，逐渐由"刻意"去做某件事，发展为"自然"地去做。逐渐养成习惯了，但还需要意识控制。	在循序渐进中养成习惯，已能自觉地去做某件事了。
第三阶段	21~90 天	从第 21 天持续操作到第 90 天，这个阶段，已能"自然而然"地去做某件事了，不需要通过意识控制。	必须去做某件事，不做就难受。

从这个表格可以看出，习惯的养成，有一个反复操作的过程，主要是时间的积累。7、21、90 成了三个魔术数字，无论做什么事情，突破这三个数字，就达到"简单的事情重复做"的习惯要求了。

如果家庭阅读能持续突破 7、21、90 这三个数字，一个属于家庭的阅读习惯就养成了，就能 1 年、2 年、3 年、10 年……一直做下去，推动阅读走进家庭的目的也就达到了。

这里必须说明，阅读环境虽是必要条件，但人的参与、阅读的效率更具有意义。以家庭为单位，父母与孩子间的亲子共读就是"悦读暖家行动"的题中之义。

以家庭为单位的阅读活动，孩子只是被动接受，父母才是阅读活动的真正推手。《打造儿童阅读环境》一书提到"阅读循环"一词，认为阅读活动的核心角色是大人，是"有协助能力的大人"。

藏书、近在手边的书、拿得到手的书、陈列方式

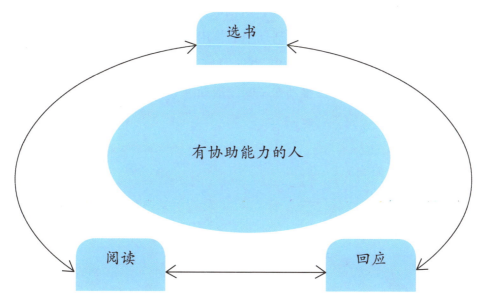

选书

有协助能力的人

阅读

回应

阅读时间、听故事、自己阅读　　　我好想再读一次、读书会、讨论

艾登·钱伯斯强调，如果小读者能有一位值得信任的大人为他提供各种协助，与他分享阅读经验，那么小读者将可以轻易地排除横亘在他眼前的阅读障碍。

一个从不阅读，或者缺乏阅读经验的大人，是难以为孩子提供协助的，这也是"阅读循环"的中心点是"有协助能力的大人"的原因。

家庭阅读角

　　家庭中的"有协助能力的大人"，理所当然应以父母为主。如果大人只想让孩子阅读，而自己不阅读，其在"阅读循环"中就不称职。

　　"选书←→阅读←→回应"，这一循环是以"有协助能力的大人"为中心点的。若失去这个中心点，所谓的"阅读循环"将失去意义，可见热爱阅读的大人在家庭阅读活动中的作用是举足轻重的。

　　"悦读暖家行动"，就是以"阅读循环"的观点为主轴，以"有协助能力的大人"为核心，推动亲子阅读活动进家庭。

第四章　阅读多元化需求下的选书策略

一、选书的原则

（一）儿童性

结合儿童的年龄和心理发展情况，根据基础分级阅读书目，选择儿童适读的图书。

（二）教育性

在课内教材之外延伸阅读，培养儿童的素养与智慧。教育不是直接的、露骨的，而是暗示的、隐含的。

（三）趣味性

儿童读物必须有童趣，幽默而不失严肃，奇妙而不呆板，幻想且有智慧，才能引起儿童的阅读兴趣。

（四）纯真性

儿童读物应具有童真、童心，内容积极、正面、阳光，让读者总是充满希望。

叶圣陶说："就教学而言，精读是主体，略读只是补充；但是就效果而言，精读是准备，略读才是应用。"所以选书应先以基础性精读读本为主，再延伸至相关性泛读读本。

二、选书的方向

（一）"古今中外"向度

所谓"古今中外"，"古"指古代，"今"指现代，"中"指中国，"外"指外国。也就是说，在读物的选择上，应涵盖古代、现代、中国、外国等。

古、中： 如《西游记》《三国演义》。	今、中： 如《狼王梦》《小太阳》。
古、外： 如《安徒生童话》《神秘岛》。	今、外： 如《小书房之玻璃孔雀》《迟到大王》。

《小太阳》书影

《迟到大王》书影

（二）心智发展向度

随着年龄的增长，学习的深入，心灵的成长，知识和经验的储备，儿童在阅读上会渴望涉猎不同知识。

影响阅读能力发展的因素众多，儿童的心智发展状况是选书的重要参考。

发展领域	心智发展	阅读建议
0~3 岁		
身体与动作发展	·感官迅速发展，会运用五官探索与学习。 ·对有节奏的声音特别敏感。 ·对比强烈的颜色及形状有助于视觉发展。	·运用五官玩游戏的玩具书。 ·节奏轻快的儿歌、摇篮曲。 ·色彩明亮且丰富的图书。
认知与智力发展	·注意力短暂。 ·认知基本物体和概念。	·内容简短，可一次看完的书。 ·介绍形状、颜色、大小等概念的书。
语言发展	·喜欢运用声音玩游戏。 ·开始学习基本词汇及语法，建立语言基础。	·儿歌或可以听声音的游戏书。 ·可促进亲子沟通的书。
情绪、人格与社会发展	·建立对人的基本信任感。 ·经验有限，兴趣集中在自己及熟悉的人、事、物上。 ·开始拥有自理与自我保护能力。	·涉及爱与情感的生活故事。 ·涉及熟悉的人、事、物的内容。 ·涉及常规及生活习惯的故事。
3~6 岁		
身体与动作发展	·手眼协调，小肌肉协调上有很大进步。	·各式各样的玩具书。

认知与智力发展	·专注力短暂且非常好动。 ·通过第一手经验形成概念。 ·有基础的时间概念。 ·对世界充满好奇心。 ·结合想象游戏学习。 ·认为万物皆有生命。	·内容简短，可以一次看完及可参与命名，可指导认知、唱歌的书。 ·强化概念的书。 ·了解时间顺序的书。 ·涉及日常生活经验、宠物、有趣事物、家庭及周围人物的书。 ·可以玩想象游戏的书。 ·角色拟人化的书。
语言发展	·语言发展迅速。	·儿歌、可预测性图画书、无字图画书或简短的故事。
情绪、人格与社会发展	·以自我为中心。 ·寻求温暖、安全的人际关系。 ·学习独立自主，从成绩中获得满足与喜悦。 ·对事情的对错有绝对的判断。 ·面对未知的事物，容易产生不安感。 ·开始发展社会技巧。 ·对团体有归属的需求。	·主角易区分，主题比较单一的书。 ·使人感到安全的故事，床边故事，以及其他能够培养朗读习惯的书，能提供正面的文学经验的书。 ·反映积极情绪和角色的书。 ·坏人受到惩罚，好人得到奖励，结局充满正义感和快乐感的书。 ·探讨恐惧情绪的书。 ·指导如何与人沟通的书。 ·促进伙伴关系发展的书。

6~8 岁		
身体与动作发展	·身体外形改变、恒牙长出；学习更细微的动作技能，如吹口哨。	·有益于让读者接受自身身心变化及个体差异的书。
认知与智力发展	·专注力增加。 ·有了模糊的时间概念。 ·能分辨真实与想象的世界。 ·会通过直接经验学习。 ·对自我世界仍然感兴趣，同时对更大范围内的事物感到好奇。	·有完整情节的短篇故事。 ·可以学习时间概念的故事。 ·喜欢幻想或用人偶演出戏剧。 ·运用知识读物拓展经验。 ·需要各式各样的书，尤其是描述外在世界的书。
语言发展	·语言能力持续发展，说、读、写能力增强。	·适合朗读或说故事的书。
情绪、人格与社会发展	·开始关心与了解别人。 ·正义感增强，行为符合外在的标准。 ·继续追求独立性与主动性。 ·开始发展幽默感。 ·需要家的温暖与安全。 ·发展伙伴关系。 ·对性别差异产生好奇心。	·通过熟悉的故事或可预测性故事获得成功的阅读经验。 ·学会关爱别人，培养同情心的书。 ·讨论是非对错的书。 ·学会自我选择，培养责任感的冒险故事。 ·有出人意料结局的故事或笑话。 ·描述家庭生活场景的书。 ·描述朋友间互动的书。 ·描述两性差异的书。

8~10岁		
身体与动作发展	·身体迅速长高；女孩长高的速度比男孩快。	·介绍身体成长过程及提供解决个体问题的方法的书。
认知与智力发展	·发展时间与空间概念。 ·发展逻辑、推理、思考、判断等能力。	·对自传，描述过去的生活、未来的生活或不同生活区域的书感兴趣。 ·宣传正确的价值观或学会分析思考的书。
语言发展	·对文学有浓厚兴趣，阅读能力迅速增强，开始拥有自主阅读的能力。	·发现阅读是件有趣的事，喜欢不被打扰地阅读。
情绪、人格与社会发展	·拥有考验自我的能力，希望有独立的时间和空间。 ·对未知的事物及可预测的危险感到不安。 ·有了对错观，开始重视他人的观点，重视归属感。 ·接受并认同性别差异及社会期望。	·喜欢关于独立生活及为生存而奋斗的故事。 ·涉及生命话题（如生命缘起、生病与死亡）的书。 ·需要有讨论与分享图书，以获得团体认可的机会。 ·涉及性别角色认同的书。
10~12岁		
身体与动作发展	·青春前期或青春期，身体开始发育。	·男孩多关注探险、悬疑类图书，女孩多关注描写细腻情感的书。
认知与智力发展	·有了事情对错的标准，对错观有弹性。	·涉及不同观点的书。

语言发展	·逐步形成阅读趣味和评价标准。	·能满足孩子的不同阅读需求，能培养孩子对语言的感悟能力的书。
情绪、人格与社会发展	·不再以自我为中心，开始尝试用不同的视角看问题。 ·挑战父母的权威，品评周围的朋友的行为。 ·开始关心社会，树立社会观。	·涉及家人关系变化的书。 ·探讨世界重要议题的书，如战争、环保及家庭变迁、种族平等。 ·各行各业杰出人士的传记。

（三）部编教材向度

精读引导要符合教育的本质，不能脱离学校的教学目标，因此在选书上，应注重与部编教材里的延伸阅读内容相衔接。教材文章的延伸阅读，有助于儿童了解作者的作品和思想。

部编教材在课文阅读上有明确的要求：打造"教读""自读""课外阅读"三位一体的课文结构。

"教读"：教师对课文要讲得多一点、精一点，要多举例子，多教方法，引导学生阅读。

"自读"：学生运用"教读"课上学来的方法自主阅读，教师不必精讲。"自读"课文往往设置了导读和旁注，引导学生自主阅读、自主思考。

"课外阅读"：以教材学习为主轴，延伸相呼应的文本进行阅读。

"课外阅读"作为"教读"与"自读"的拓展，不应背离教材的学习要求。

部编版教材的问世，显示了阅读的重要性。教学大纲有明确要求：

"名著的阅读、美文赏析、文言文的阅读，层层深入地考查孩子阅读的宽度以及深度，并且注重和培养考生在阅读过程中学习、思考、归纳、整合的过程及迁移、运用能力，也考查学生借助文本把握人文思维的能力。"所以，在选书上，一定要注重部编版教材的引导作用。

三、阅读分级

儿童阅读分级的目的是什么？让儿童能够根据自身的身心特点和审美趣味，选择适合其认知水平的读物，帮助儿童获得最大的阅读效果，体验阅读带来的快乐。换个简单的说法，就是为了帮助儿童选择符合其阅读能力的书籍。目前，比较常见的阅读分级方法如下。

（一）A—Z分级法（Guided Reading Level）

该方法将图书按A—Z分为26级，从A到Z难度递增，一级称为一个GRL。它是由凡塔斯和皮内尔（Fountas&Pinnell）两位阅读专家开发的一套图书分级系统。在其官网上已有32000多种图书被分级，且在线分级书单每月更新。A—Z分级法是应用较广泛的分级方法，很多数据库采用其分级作为检索项，用以标注图书级别。

其分级标准既有一套计算机运作的测试程序，也依靠人工。测试标准主要包括：全文词汇数量、单词数量、高频词汇数量与比例、低频词汇数量与比例、句子长度、句子复杂度、句义明晰度、句式、印刷规格、每页词汇数、插图信息量、思想深度、主题熟悉度等。其中客观因素靠计算机分析，主观因素如图例、句子复杂度、思想内涵等则靠训练有素的分级阅读专家分析。

A—Z分级法的特色在于：

1. 其分级标准综合考虑了图书的主观因素和客观因素，采用计算机软件和专家分析相结合的办法，避免了分级的"机械化"，但也使得该标准不能应用于所有图书。

2. A—Z 分级法在同等难度基础上，更看重图书的内容、深度、印刷等主观要素，因而对少年儿童的阅读培养来说，这种方法更具针对性和推广意义。

该分级法的不足之处，在于无法对读者的阅读水平进行测试。

（二）蓝思阅读分级法（Lexile）

蓝思阅读分级法（Lexile，也译作莱克赛尔分级法）的分级结构已历经将近 40 年的发展了，是一种非常科学、客观的阅读分级方法。

蓝思阅读分级法主要包含两方面的内容：1. 对读者本身的阅读水平进行测试；2. 对文本的难易程度进行测试。这两方面是同时进行的。

蓝思阅读分级法，包括对词汇、阅读理解、熟练程度及写作的考核，共有两套，分别针对二年级至五年级和六年级至高中三年级的读者。

读者可以先对自己的阅读水平进行测试，得到一个分值后，选择相应分值的书籍阅读。每一个分值对应的书籍都非常丰富，读者一定能从中找到自己感兴趣的书。

蓝思阅读分级

（三）中国儿童青少年分级阅读

《中国儿童青少年分级阅读内容选择标准》提出分级阅读的目的：培养儿童青少年浓厚的阅读兴趣，引导儿童青少年养成适宜的阅读方式及良好的阅读习惯。按照各学段阅读能力指标，有针对性地选择书籍。

2017 年 7 月 13 日，中国分级阅读长三角论坛在苏州举行

学段	内　容
第一学段： 一年级、二年级	1.选择内容丰富、形象具体、文字少、故事趣味性强的童话图画书（一年级加注拼音），图画书与文字书的比例不低于1∶2。逐步增加文字阅读量，让儿童青少年在有趣的图像和文字的结合中，感受阅读的乐趣。 2.选择具有更多现实性、体验性、思考性的童话故事、寓言故事、童谣等，使儿童的兴趣更加浓厚，吸引其独立读完一本书。 3.选择带有能具体感知的动植物知识的启蒙读物，激发儿童的科学兴趣。
第二学段： 三年级、四年级	1.选择浅显的、具有哲理的故事，帮助儿童区分现实与幻想，分辨美丑、是非、善恶，初步认识人类社会。 2.增加散文、诗歌、科幻等多种体裁的读物，提供轻松幽默且品位高的作品，满足儿童日益增长的求知欲和对阅读的需求。

	3.增加科普知识，扩大儿童的视野。 4.选择具有爱国主义和集体主义精神，包含传统文化精髓的故事，激发儿童的爱国情怀。
第三学段： 五年级、六年级	1.选择有奇幻色彩、侦探冒险精神，节奏感强、趣味性浓的读物，保护儿童珍贵的想象力和自主探索的愿望。 2.选择古今中外的名家名作，感染和激励儿童，提高他们的理解、欣赏和评价的水平。 3.选择更多的科普类读物，进一步培养儿童的科学探索精神。 4.选择有利于引导儿童认识世界与人生的励志读物，使孩子树立远大理想，培养孩子良好的个性品质。
第四学段： 七年级至九年级	1.选择有一定深度的、侧重逻辑思辨能力的读物，发展儿童、青少年的思维能力，让儿童、青少年初步掌握科学的思想方法。 2.选择富于科学精神和科学方法的读物，培养儿童、青少年的科学创新精神和能力。 3.扩大阅读范围，丰富儿童、青少年的精神文化生活，使其逐步形成相对稳定的阅读动机，并养成阅读个性。 4.选择富有哲理的历史故事、人物传记、长篇小说、优美散文等，帮助儿童、青少年逐步形成积极正确的世界观、人生观和价值观。

第五章 "悦读暖家行动"倡导的阅读行动与实践

在《书，儿童与成人》一书的序言中，保罗·亚哲尔说，"努力让儿童拥有终身与书本相伴的习惯"。这意味着终身学习最好的方式是阅读。序言中还有一句话："在任何情况下，如果年轻的生命不站在我们这一边，那么一切行动都将是收效甚微的，这不仅仅是因为儿童是这其中最受威胁的人群，在较为成熟的成年人身上若未能保留着对书的尊重和热爱，他们将会逐渐失去学习。更何况，未来的一切都将依靠儿童来创造书写，如果你们希望花朵绽放得热烈美好，那么请在春天时就投入行动。让儿童养成终身与书相依相伴、不分离的习惯，将是至关重要的。"

《书，儿童与成人》书影

"阅读越早开始越好"，童年阅读不仅关系着孩子的阅读量，更关系着孩子未来的学习能力。

丹尼尔·贝纳曾提出"阅读的十个权利"：

（一）不阅读的权利；

（二）跳行跳页的权利；

（三）不把书读完的权利；

（四）把书重读一遍的权利；

（五）阅读任何书籍的权利；

（六）潜入书中世界的权利；

（七）在任何地方阅读的权利；

（八）浏览的权利；

（九）大声朗读的权利；

（十）保持沉默的权利。

对于个人而言，阅读应是很自由、很享受的一件事。作为一名读者，面对浩瀚的书海，多元阅读是为了让我们对书不持偏见，各种类型的书都应该涉猎。

一、从蚂蚁式阅读开始

蚂蚁式阅读，在策略上属于被动式阅读，即按照文本意义全盘接收。郑圆铃、许芳菊在《有效阅读》一书中提到阅读的三种方式。

（一）蚂蚁式阅读

将阅读内容全盘照收，不主动思考与内化，属于被动式学习。翻开书就读，读喜欢的书，无论什么书，只要"适读"就行。"适读"的书，就是适龄、适合、优良的书。蚂蚁式阅读提倡大量阅读与阅读多元化。凡是能吃的东西，蚂蚁一律将其搬回巢穴再慢慢地食用，对应到阅读上，就是大量阅读、阅读不偏食。蚂蚁式阅读，可视为基础阅读，是泛读、略读的过程。蚂蚁式阅读虽然是被动式学习，但也要注重理解，注意方法，并做到多元阅读。

（二）蜘蛛式阅读

系统化地思考、组织与内化材料，属于主动式学习。深入、思考、提问、内化，是蜘蛛式阅读的过程。蜘蛛式阅读，是为创造式阅读搭建平台。蜘蛛将消化液注入猎物体内，等猎物内脏糜烂之后再吸取，在阅读上就表现为思考和内化。

（三）蜜蜂式阅读

蜜蜂采花蜜，酿出的蜂蜜与原来的花蜜性质不同，甜度更高，在阅读上就表现为阅读应用和创造性阅读。蜜蜂式阅读是文本与文本间的分析、判断、演绎与归纳的统整性阅读，它必须以大量阅读为基础，以阅读内化搭建鹰架，才会有阅读的创造与应用，它是创造性学习。

凡是阅读都是有意义的，无论是蚂蚁式阅读、蜘蛛式阅读还是蜜蜂式阅读，都能形成阅读的良性循环。

蚂蚁式阅读的关键，在于大量阅读与阅读不偏食。就养成阅读习惯来说，蚂蚁式阅读是较为实用的做法。

常有家长问笔者："我的孩子书读得很快，到底读进去没有？"

笔者说："如果他不理解，这书根本读不下去。"

在不过多讲求阅读策略时，"理解"便成为检验阅读效果的标准之一。

蚂蚁式阅读能力养成之后，进入蜘蛛式阅读，进而进入蜜蜂式阅读。阅读素养的养成，请先从易于着手的"蚂蚁式阅读"开始吧！

二、阅读层次

儿童阅读的目的之一是培养阅读素养。阅读素养包括：阅读各式各样的文章，从阅读中获得乐趣，通过阅读达到学习的目的，形成阅读社群等四个部分。阅读不是孤独地一人看书，也非单纯地翻开一本书而已，它还涉及层次问题。

（一）阅读层次：记忆层、理解层、思考层

《高效阅读》一书提到：成熟的读者在认知过程中有一个特别的觉察力，就是能在阅读的过程中注意自己的阅读思考与行为，也就是所谓的"后设认知"。后设认知是一种学习策略，一个人了解自己的思维模式之后，便能控制自己的学习，进而达到学习的目的。一般的阅读（蚂蚁式阅读），无法达到高效阅读的目的。换句话说，就是在一般性阅读理解之外，读者只有了解自己的思维模式，学习更深层次的思维模式，深究文本，深度思考，才能达到良好的阅读效果。

阅读的层次：记忆层、理解层、思考层。一般阅读从文本的基础记忆到基础理解，对于文本的情节内容有初步的了解，但这往往只停留在理解层。理想的阅读，是对文本进行深层次的思考。

《游戏与阅读》一书提到：把一个孩子放在正常环境中，即使没人教他说话，时间久了他也会说话；把一个孩子放在正常环境中，没人教他阅读，他就会成为文盲。信息爆炸的时代，阅读是快速接收信息的方式，应及早让孩子的大脑习惯处理文字信息，而培养阅读能力是关键。

不同的阅读层次，其阅读策略也不尽相同。请看下表：

阅读层次	技巧设计	说　　明
记忆层	找一找	对阅读过的书籍中的重要的人、事、地、物等信息，必须基本记住。以"提取信息"的方式，找出文本中明确写明的内容，以此检验读者是否阅读过文本。
理解层	说出文本的主要信息，解释信息间的关系	以"推测信息"的方式，联系文本间的信息，推测信息间的关系，说出文本主要讲了什么，解读文本的基本信息。
思考层	想一想、你认为……	读者运用既有的知识，解构文本中的细节及其内涵。"想一想""你认为……"的目的是发散思维，提出自己的见解。

（二）阿德勒（Adler）的四个阅读层次

《如何阅读一本书》的作者阿德勒，把阅读分成四个层次："初级阅读""检视阅读""分析阅读"和"综合阅读"。各层次对应的阅读策略及说明如下表：

层次	阅读策略	说　　明
一	初级阅读	阅读者必须具备起码的语言文字功底，能无障碍地获取书中的信息，理解文本所讲的意思。

二	检视阅读	又分为"略读或预读"和"初次阅读"。这是真正进入阅读层次。 1.略读或预读： 指在有限的时间内，浏览一本书，并确定自己是否想读这本书。步骤分为：（1）先阅读"导言"，了解作品主题与作者的创作目的。（2）翻看"目录"，了解全书的结构。（3）选择某章节略读。（4）掌握全书大概情况之后，判断是否继续深入阅读。 2.初次阅读：分为两遍。阅读第一遍时，要快速读完，不停下思考或查阅资料；阅读第二遍时，再对文本深入探究。
三	分析阅读	阅读时，读者应提出4个基本问题： 1.书的大体内容是什么？ 2.作者详细叙述的是什么？ 3.这本书描述的内容是真实的吗？ 4.这本书的内容跟我有什么关系呢？ 解答这四个问题，其实就是自我对话的过程。 "分析阅读"的规则如下： 1.明白自己正在读的书属于哪一类型。 2.用几句话或一小段文字叙述整本书的大致内容。 3.说明文本主要分成哪几个部分，并说一说作者是如何组合的。 4.作者是从哪一个角度展开他的作品的？

		5.找出作品的重要字眼，了解作者使用它们的方法。 6.找出每个句子所含的主题，也就是重要句子背后的意义。 7.从句子的主题中找出论证材料，形成自己的论点。 8.找出作者的解答。 9.了解文本所述内容。 10.当你持反对意见时，要合乎情理。 11.辨析真正的知识和个人意见的不同，形成批评或判断。
四	综合阅读	综合阅读是最高目标，可分为5个层次： 1.针对主题收集相关作品，找出相关章节。 2.建立能诠释文本思想的脉络。 3.厘清问题，以批判性思维提出适当的问题。 4.界定论争，将正面与反面的意见分别系统化。 5.分析不同的论点，整理头绪，形成创造性思维。

阿德勒的四个阅读层次，其实就是将蚂蚁式阅读、蜘蛛式阅读、蜜蜂式阅读有效地融合，这需要教师的指导。阅读不是娱乐式地翻开书就读，而是要尝试与作者对话，建构自己的阅读思想体系，细细品读文本内容，在分析、判断的过程中，培养创意思维。同时，提问也是一门学问，学会在阅读之后提问，才能提升自身的阅读层次。

（三）陈丽云的阅读策略

阅读与写作是分不开的。学习，以阅读策略为"经"，以写作策略为"纬"，编织成一张网。阅读，通过教读者思考，引导读者学习归纳，从不同的角度思考问题，实施阅读策略，并借助写作表现出来。有输入就要有输出，阅读内化过程表现为阅读的创意思维训练，目的是提升阅读能力。陈丽云在《阅读有妙招，教学马上好》中提出了几个关于阅读的策略：

层次	名称	内　容
一	提问策略	阅读过程中，教师教授阅读理解的方法，提高学生思考归纳的能力。在进行阅读教学时，可以运用提问策略来问"好问题"，培养学生的思考、比较、归纳、统整、评析等能力。教师提出好问题，学生也要就文本学会提出好问题。提问题不是乱提，按照PIRLS阅读理解的四个层次来提问，才能问出有深度的思考。 层次一：提取信息； 层次二：推论信息； 层次三：诠释整合； 层次四：比较评估。 通过提问，引发孩子思考，深入阅读文章，窥见整篇文章的重点，不再专注于一般的情节叙述。会想问题，比知道答案更重要；会提问题，比只知阅读更有深度。 当孩子能够提出问题时，他必然已经思索过相关答案。要想提出"好问题"，可往这两大方向努力：

		1.阅读之前先看标题，自问一些问题，校正自己的阅读动机，专心找答案。 2.阅读完一篇文章之后，拟4个层次的问题并自问自答，考查自己的理解能力，若不懂，马上回头重读，并认真思考。 在提问时，若对文本不是很熟悉，可以运用"六问法"来发问：何人、何事、何地、何时、如何、为何，也可用"你觉得，你认为，对你而言，如果是你"等句式来提问，还可运用三种问题类型来提问： （1）答案明显的； （2）需要推论的； （3）心得与感想。
二	摘要策略	摘要策略适用于学会抓重点的阅读教学训练。学会摘要便能很快读懂文本的重点或大意。 摘要训练可以先从句子入手，进而向段落及篇章延伸，可以运用"删枝节""圈重点""调换位"等方式，找出文句的重点。 运用摘要策略进行阅读，可分为几个步骤： 1.抓中心句； 2.分析人、事、时、地、物等重点信息； 3.合并层意，删除不必要的细节和重复之处； 4.填补主谓； 5.以概括性词语替代所有列举的细节内容； 6.将内容浓缩为连贯的、正确的、概要的、可理解的大意。

三	猜测策略	学生在开始阅读文章之前，可根据题目猜测文章讲的内容可能是什么。例如《天边的魔术师》，学生可能会猜测，有"天空"，有"魔术师"，魔术师是有魔力的，那会是什么呢？云、风、彩虹、太阳……翻阅文章时，那种喜悦与迫不及待，能提高阅读效率。 如果看不懂题目，也可先看第一段。猜测接下来可能要讲什么，也可以等文章告一段落时，猜测接下来的内容或故事的结局。猜测策略是一种针对"整合力"的练习，实施规则如下： 1.阅读前先看题目，自问看过题目后知道了什么。 2.看过题目后，猜测文章可能要讲什么。 3.看不懂题目时，可先阅读第一段，猜测文章可能会讲什么。 4.自问"我"为何阅读，决定"我"是详细阅读、背诵重点，还是只要大致了解即可。 运用预测策略有几个方法： （1）分析题目中的关键词； （2）看题目，说说内容是什么； （3）看题目，提出你的疑问； （4）阅读文章段落，分析哪几句与题目相呼应。

四	推论策略	阅读中，以段落内容推测文中省略的内容，从而对文章有更深入的理解。有时，推论策略配合提问策略，还可推测出文本主旨。推论策略可运用于： 1. 依文法或字词了解文章； 2. 以文句的信息作推论； 3. 推论段落的意义； 4. 推论全文的意义。
五	结构策略	分析组织结构是洞悉文章的关键，有助于看出文章的门道。 阅读一篇故事之后，应分析故事结构，并记录下来，还可以依照一些重要线索做结构图，这样可以更深入地了解故事内容。 1. 故事背景：人物，地点，时间。 2. 主要事件：事件，目的。 3. 情节：开始……然后……所采取的行动。 4. 结果：目的是否达成，有何内心反应。 不同的文体，结构也不同。记叙文是线性结构；说明文是并列结构；议论文是逻辑环扣结构。读懂了文本结构，就知道作者是怎么写的，为什么要这么写。清楚地梳理文章的脉络，有助于提升写作能力。

三、个人阅读行动指导

将阅读变成功课，而不是学生在课后乐意从事的活动，老师为阅读绑上那么多的束缚，学生不觉得阅读是一种享受。具有协助能力的父母、老师，应该引导孩子乃至自己成为一个阅读的人。大人也要阅读，且要做阅读计划。每天给自己一点阅读时间和一个读书空间，按照所选择的书单阅读。那是一种温暖自我的行动。

"蚂蚁式阅读"比较容易做到，偶尔写几篇读书心得，有助于提升阅读效率。

《打造儿童阅读环境》一书提到：如果我们是充满期待而自发性地想去阅读，那么我们将很容易进入状态并乐在其中；但如果我们是百般不愿地被迫去拿起书本，那么阅读将沦为一项无聊透顶的课业。如果能窝在一个角落尽情阅读，我们肯定心甘情愿花上一段长长的时间，来享受这段阅读时光。

《小太阳》阅读分享会

"悦读暖家行动"的初衷就是在阅读推广人的正确引导下，制订阅读书单，找到合适的时间与地点，尽情享受阅读的快乐。在个人阅读行动上，我们可以这么做：

	做法	理由
选书与制订书单	1.每年至少选择36本书。 2.各种类型的书籍都要涉猎。	选择自己喜欢的书，以及接受推荐书单，原则是阅读不偏食、多元化大量阅读。选

	3.选择自己喜欢看的书。 4.选择学校或大人推荐的书。	书是执行阅读计划的第一步，将一年中要读的书大致列出来，以后可以随时调整。儿童以阅读儿童读物为主。
阅读时间	1.每天至少坚持阅读30分钟以上。 2.一有机会就朗读。	随时随地都可以阅读，但不建议为阅读而废寝忘食。
朗读与讲故事	1.让朗读成为阅读的一部分。 2.找合适的书朗读。 3.试着复述看过的故事。	诗歌、短篇故事等都是适合朗读的文本。朗读是阅读的一种方式，还可以训练说话能力。对于看过的故事，要试着抓住故事的梗概，用自己的语言组织后讲出来，讲给别人听。
享受阅读	1.通过"蚂蚁式阅读"享受阅读乐趣。 2.尽可能与人讨论阅读的心得或故事情节。 3.享受与家人或同学一起阅读的时光。	独立阅读与分享所获得的快乐是不一样的。

四、阅读的层级

阅读的层级	说　明
图像阅读→文字阅读	幼儿从图画书开始阅读,具备识字能力之后,逐渐换成文字较多的图书。从图像思维到符号思维,是一个很重要的发展过程。
浅显阅读→深度阅读	文字浅白、内容浅显、容易阅读的作品,读者易于接受。但浅显阅读并不代表阅读不要深度,而是要求我们注重文本挑选。优秀的文本具有深刻的意义,但也要从浅显阅读开始。
流行阅读→经典阅读	阅读流行作品容易让人产生乐趣,也比较容易入手,但经典作品才是人生必读的。在进入经典阅读的过程中,流行阅读只能作为过渡。
消遣式阅读→专业性阅读	消遣阅读体现的是阅读的娱乐功能,没有过多功利性,快乐地打开书,大量获取信息。专业性阅读需要大量的知识储备作为基础。
打开书就读→讲究阅读策略	轻松自然地开卷阅读,属于蚂蚁式阅读,不讲究任何策略,效率也不高。要想提高阅读效率,就必须讲究阅读策略。
儿童本位阅读→非儿童本位阅读	专为儿童而写的书称为"儿童本位图书";原本是为成人写的,后改写成适合儿童阅读的图书,称为"非儿童本位图书"。引导儿童阅读应先从儿童本位书籍开始,再导入非儿童本位书籍。

五、个人阅读行动实践

为孩子选书时，可以由双方共同商量读什么样的书。虽然专家或学校开了各种各样的建议阅读书目，有必读的，也有选读的，但是我们仍然有必要制订一个适合自己的阅读计划。阅读计划包含固定阅读时间的安排、多元阅读的书目等。

可以每年都为自己和孩子拟订一个阅读主题，指导创造性阅读，制定有效的阅读策略，写几篇阅读报告、做一本手工书等。阅读最好能留下一些痕迹，读写结合是不错的方法。

《阅读是孩子最重要的天赋》一书提到：如果你是一个一年看不到一两本书的人，听到我要求你一年读 40 本书，可能会吃惊。阅读 10 本、20 本书，不足以培养学生的阅读热情。他们必须大量地阅读，才会"上瘾"。

这段话透露出一个信息：最好的阅读计划就是大量阅读。

但阅读不能盲目地读，偏食的阅读会使读者获得的信息过于狭窄，或着迷于某一类型的作品。阅读计划中的书籍要多元化，读者才能获取广泛的信息。

《阅读是孩子最重要的天赋》一书还指出："我"的学生会阅读不同类型的书籍，诗作、小说和非小说都在内。诗集、非小说（传记、科普等）和传统文学选集（神话、传奇和民间故事）通常比较薄，不到100页。小说（奇幻小说、科幻小说、写实小说）就比较厚了。"我"规定每个门类都要读几本书，但有9本书是学生可自由选择的。40本书的类型如下表所示：

书籍类型	数量	书籍类型	数量
诗集	5本	传统文学	5本
写实小说	5本	历史小说	2本
科幻小说	4本	奇幻小说	2本
悬疑小说	2本	科普	4本
传记	2本	自选	9本

上表仅供参考，可依据个人阅读需求加以调整。有了这些，加上学校推荐的书目，其种类和数量就不少了。

请以一年为一个周期，在下表中填上各类书籍的阅读册数，总共应不低于36本，如以绘本、图画书为主，则应达到100本。

孩子的阅读行动书籍分配

书籍类型	数量	说　　明
诗集	（　　）本	以童诗为主，辅以唐诗、宋词或外国诗歌等。诗歌应诵读，选几首喜欢的诗背诵。每年应阅读不少于2本。
绘本	（　　）本	低龄孩子以阅读绘本为主。绘本也应分级，便于阅读。朗读是阅读绘本的要领之一。每年应阅读不少于5本。
童话故事	（　　）本	图文接轨的桥梁书，适合中低年级的孩子阅读。当然，高年级的孩子也要阅读童话故事。每年应阅读不少于5本。
少年小说	（　　）本	科幻小说、魔幻小说、冒险小说、推理小说、悬疑小说、校园小说等，是跨越成人阅读的作品。每年应阅读不少于5本。

系列作品	（ ）本	阅读系列作品，可增进阅读兴趣，进而养成良好的阅读习惯。每年应阅读不少于5本。
经典书籍	（ ）本	古今中外的经典文学作品。每年应阅读不少于3本。
人文艺术	（ ）本	美学修养应从阅读人文艺术类书籍开始培养。每年应阅读不少于2本。
自然科学	（ ）本	自然科学类书籍属于科普作品，可拓展读者的科学视野，使读者了解更多科学知识。每年应阅读不少于2本。
文史哲传记	（ ）本	阅读文学、历史、地理、哲学、传记类书籍，可校正读者对世界的认识。每年应阅读不少于5本。
自选	（ ）本	自己选择想要阅读的书籍，如有积极意义的笑话、漫画等，一年读2本为宜。

六、阅读经典作品的必要性

一个"博览群书"的人，如果从未读过经典作品，那不算是真阅读，而是有重大缺失的阅读。关于为何要读"经典"，意大利作家卡尔维诺在《为什么读经典》一书中，提到了14条理由：

（一）经典作品是那些你经常听人家说"我正在重读"，而不是"我正在读"的书。

（二）经典作品是这样一些书，它们为读过并喜爱它们的人形成一种宝贵的经验，但是对那些保留这些机会，等到享受它们最佳状态来临才阅读它们的人，它们也仍是一种丰富的经验。

（三）经典作品是一些产生过某种特殊影响的书，它们要么本身以难忘的方式给我们的想象力打下印记，要么乔装成个人或集体的记忆，隐藏在深层记忆中。

（四）一部经典作品，是一本每次重读都像初读的书。

（五）一部经典作品，是即使初读也好像是在重读的书。

（六）一部经典作品，是一本永不耗尽它要向读者说的一切东西的书。

（七）经典作品是这样一些书，它们带着先前解释的气息走向我们，背后拖着它们经过某种文化或多种文化（或只是多种语言和风俗）时留下的足迹。

（八）经典作品是这样一些书，它们不断地在它们的周围制造批评话语的尘云，却又总能把那些微粒抖掉。

（九）经典作品是这样一些书，我们曾道听途说，以为我们懂了，当我们真正开始读它们时，才发现它们是那么的独特、新颖和让人意想不到。

（十）经典作品是这样一个名称，它可用于形容任何一本表现整个宇宙的书。

（十一）"你的"经典作品是这样一本书，它使你对它不能保持不闻不问，它帮你在与它的关系中甚至在反对它的过程中确立你自己。

（十二）经典作品是早于其他经典的作品，但是那些读过其他经典作品的人，一下子就能认出它在众多经典作品的谱系中的位置。

（十三）经典作品是这样的作品，它把现在的噪声调成一种背景轻音，而这种背景轻音对经典作品的存在是不可或缺的。

（十四）经典作品是这样的作品，哪怕它与现在的"正统声音"格格不入，它也坚持至少成为一种"背景噪声"。

卡尔维诺对"经典"的诠释，点出了经典作品的内涵：经典是"众声喧哗"的，不因时代变迁而退潮的作品；经典之所以能成为经典，是因为它们能经得起时代的考验。正因为如此，我们怎么可以不读经典呢？

七、"悦读暖家行动"与儿童读书会

《儿童阅读新识力》一书提到，举办儿童读书会是实践阅读理念的有效途径，是建构儿童的阅读力的正确方法。所谓阅读力，包含"多阅读""爱阅读""会阅读"三大方面。阅读力不仅包括识字能力，还包括能在阅读过程中提取特定信息，进行推论，加以诠释，再进一步整合，形成观点，借此检视或评估作品质量的能力。

举办儿童读书会正是提升阅读力的最佳途径。"读"指阅读行动；"书"指阅读材料；"会"指两人以上的聚会。"儿童读书会"其实就是儿童共读的聚会。

儿童读书会带领人必须活跃现场，鼓励成员表达见解与想法，催化讨论气氛，还要维持讨论秩序，解决现场的突发状况。带领人只有先了解文本讨论之本质，熟悉带领之技巧，才能顺利推进读书会的学习进程。

（一）规划读书会的学习方向

读书会最重要的是文本内容的规划，如何解读文本作为带领读书会讨论的方向，才是最重要的。在《儿童阅读新识力》一书中，作者提出了五个层次的解读技巧，在深入阅读材料之后，可以根据材料拟订读书会的提问议题，进行有系统的聚焦学习，循序渐进地引导孩子从发展记忆层、理解层到发展思考层。

以下是读书会运作的五个层次及相关内容。

层次	意义	提问例举
第一层次：掌握要义	完整地研读文本，掌握全文大意。	*场景：这故事发生在什么时代或什么地方？ *角色：有哪些角色？彼此的关系是什么？ *情节：事件是怎么开始的？接着呢？结果呢？
第二层次：内容探究	从记忆情节到理解文意，从理解文意到领略主旨。	一、结构探讨 ***从场景摹写到氛围掌控** →以几个形容词来描述书中情景（地点、时代背景） →你觉得这是什么样的地方？针对这些场景，你联想到了什么？ →阅读材料中的角色性格如何？ →这样的性格对故事的发展有什么样的影响？

		＊从情节描述到思维探究
		→在情节发展中，书中角色的想法有什么样的转变？转变的原因是什么？
		→为什么会造成这样的结局？
		二、图文线索推论
		＊从语意修辞到意象捕捉
		→哪些精彩的文句可以进一步诠释和解读？→哪些图像语言或修辞象征可进一步刻画角色的心情、情节的发展，或剖析角色的行为？
		＊从文句共鸣到心灵推敲→说说你最喜欢或印象最深刻的部分。（哪个人物？哪一段话？哪种想法？哪项发现？）
		三、背景资料补充
		＊从作家风格到特色呈现
		→作者曾写过哪些作品？他的作品有何特色？
		→作者还有哪些相关资料，有助于文本解读？
		四、信息整合与诠释
		＊从信息整合到主题掌握
		→阅读材料的主题核心思维是什么？
		＊从主题掌握到主旨诠释
		→作者是如何诠释这个主题的？

第三层次：厘清疑惑	比较作者的观点与自己先前对内容的预测、看法，提出不认同及质疑之处，借此学会澄清与思辨，转化成自己的知识，内化为自己的素养。	→还有哪些不了解的地方？ →有没有不认同的地方？ →还想到哪些问题要和大家讨论？
第四层次：知识应用	*链接与主题相关的生活经验与生命体验。 *通过经验分享与实证探讨，寻找知识应用于当下的可能性，将知识活用。	→假如你是书中的主角，你会如何面对自己所遭遇的情境？ →你比较像哪个角色？ →在生活中，有哪些人物和书中的人物相似？为什么？ →你的生活中是不是也发生过相似的状况？ →还可联想到哪些生活中的事情？
第五层次：统整学习	通过统整学习、体验新观念，发展实践动力。	→你还受到了哪些启发或观念上有何觉醒？ →你从学习中体会或感受到了什么？ →通过学习，你有哪些实践行动？

（二）儿童读书会的开展

1. 儿童读书会带领人的准备工作

（1）规划提问方向

带领人要提出问题，引领孩子进行思考。关于如何掌握阅读材料的主旨、设计层次问题，可参考五层次文本解读提问模式。拟订讨论方向，形成学习脉络，将有利于完成学习目标。

（2）提问的检视与调整

带领人拟订问题时，要考虑问题是否明确且精准。

问题之间的衔接必须流畅，好的问题不是孤立存在的，而是一题扣一题的，有串联整体的思维脉络，这样才有利于引导孩子流畅思考，

家长在阅读成果分享会上分享育儿经

才有利于顺利展开对话，延展学习。检视提问的整体布局，才能引发关联性的思考，让讨论环环相扣。

2.儿童读书会五阶段的带领技巧

引导是带领讨论最重要的技巧，以五层次的提问为框架，再以五阶段的引导策略活跃讨论现场。五阶段的引导策略如下：

阶段	目标	特性	节奏
第一阶段： 抛砖引玉	1.引发兴趣。 2.建立安全感。 3.激活讨论思维。	脑力激荡 点状分布	快
第二阶段： 多元提问	1.开拓多样化思考。 2.建构讨论平台。	分享交流 由点联机	中等

第三阶段：穿针引线	1.促进多元的回应。 2.推动讨论进程。	深入探讨 直线交错	渐慢
第四阶段：串联结网	1.串联活化与深化的思维网络。 2.拓展讨论空间。	合作思考 串联结网	节奏不定
第五阶段：回扣结网	1.建构知识体系。 2.统整讨论的学习。	思维统合 汇整收网	慢

儿童读书会是一门持续课程，每学期应定期举办，举办之前让孩子提前阅读与准备。儿童读书会的学习不是让孩子沉默地阅读与聆听，而是通过营造对话语境，引领参与者表达心中的想法，调整阅读策略，并从其他人的分享中学会学习与思考，在不断的发现和启发中，从被动接受知识到逐步建构，从消化知识到内化知识，最终达到融会贯通的学习效果。同时通过讨论，与他人开展合作学习，培养尊重、聆听、包容的群我关系。

八、"悦读暖家行动"与班级阅读

班级阅读行动该如何进行？下表是"悦读暖家行动"为教师提供的班级阅读计划表，可以根据具体情况做部分调整。虽然是班级性的阅读行动，但仍需要学校主导和家长配合。

	做法	理由
教师阅读	1.教师要养成阅读习惯。 2.教师也要阅读儿童文学作品。	教师是阅读守门人，也是引导人。教师只有亲自阅读童书，才能领略儿童文学作品的美妙，才知道该向孩子传递什么。
阅读时间	1.一有机会就朗读。 2.每天固定时间阅读。	养成阅读和讲故事的习惯。随时随地带给孩子听故事的惊喜；固定时间阅读是为了让孩子对阅读有所期待。
阅读空间	1.尽可能做到随手就可拿到书。 2.在教室设置专用的书柜。 3.设置教室图书角。	创造阅读的环境，制造听故事的氛围。孩子知道这是属于自己的区域，就容易养成阅读和听故事的习惯。打造共读区域，建设书香班级。
亲师共读	1.书籍的讨论或游戏。 2.与孩子共读一本书。 3.安静地陪孩子阅读。	让孩子知道书是有意义的。共读的引导，陪读的陪伴，故事的讨论，孩子可由此体会书中世界的丰富与乐趣。
说演故事	1.讲故事给孩子听。 2.设计说故事活动，听孩子讲故事。	讲故事是为了把阅读变得更加有趣，同时还能培养孩子的说话能力。 戏剧性故事的表演，还可对孩子进行肢体开发。

阅读活动	1.带孩子去逛图书馆并借书。 2.举办故事会或讲故事比赛。 3.设计有趣的阅读活动。 4.设计阅读比赛。	让孩子知道,图书馆是一座知识宝库,买书是一种正向行为。参加故事会、出演儿童剧都是动态阅读活动。
阅读课程	1.将书籍分门别类地推荐给孩子。 2.从导读开始,引发思考,吸引孩子读书。 3.设计题目,适当测评。 4.多元阅读课程开发。引导提问、讨论,甚至辩论。 5.导入蜘蛛式阅读,进而学习蜜蜂式阅读,形成创造性思维。 6.举办儿童读书会。 7.写出或说出阅读心得和感想。	教师的功能在于:阅读引导,推荐阅读书目,设计阅读测评题目,对孩子进行有效的阅读测试,了解孩子的阅读能力。 阅读层次的提升有赖于多元阅读课程的开发。从设计阅读测试题目,进行阅读测评,了解孩子的阅读能力,进而渐进式地引导孩子开发创造性思维。 阅读之后表达心得或感想,有助于深入理解文本,并提炼心中的想法。

一位学者说过,一个人的精神发育史,应该是一个人的阅读史,而一个民族的精神境界,在很大程度上取决于全民族的阅读水平;一个社会到底是向上提升还是向下沉沦,就看阅读能植根多深,一个国家谁在看书,看哪些书,决定了这个国家的未来。

"悦读暖家行动"的开展,让阅读更加深入地走进家庭,让阅读从孩子的事，变成亲子的事，再变成家庭的事，并最后扎根在家庭教育之中。不仅让孩子们体验到阅读的快乐，也使他们养成阅读的习惯，把阅读当成生活中如同刷牙、洗脸、吃饭一样平常的事。正如一位家长所言，"让阅读成为一种习惯，将悦读变为一份财富"。同时，专家学者的专业阅读指导、帮助，及一系列阅读服务、活动，将帮助家庭提升阅读质量，拓展阅读的深度与广度，从而提升整个家庭的人文素养，也为营造书香社会的良好氛围，探索一条更为可行之路。

第六章 父母参与"悦读暖家行动"后的反馈

一、活动心得体会

关于"悦读暖家行动"的一点心得体会

非常感谢子鱼老师发起的这项活动。作家曹文轩说:"一本好书,就是一轮太阳!在阅读中,我们获得了更多关于这个世界的精义、神髓与真谛。"可是我想说:"一位好老师,就是一轮太阳!"在孩子热爱阅读之前,能够遇上一位带领孩子步入这条阳光大道的老师,何其幸运!老师提供详细的阅读手册,分步骤详细讲解大人、儿童如何共读,以及如何让亲子共读会变得更有趣,这些技巧我们也是第一次接触到,非常受益。通过"爱读331"(日读30分钟,月读3本书,一生爱阅读)这样一个操作性和实用性、趣味性都特别强的有益行动,30天的时间里,我和孩子都自然而然地爱上了阅读。尤其是我,通过每天阅读儿童文学作品,一些育儿的问题迎刃而解,慢慢地更加了解孩子的心理和生活。

说实在话,我以前最喜欢做的事情是逛街、做头发、聊天,还有户外运动,现在又多了一件事情,那就是和孩子一起阅读儿童文学作品,和孩子一起去买书!30天的"悦读暖家行动",我们共同朗读了三本《智慧快餐》，我自己看了一本《陪孩子走过小学六年：爱在自由里》（北京大学出版社），孩子自己另外还看了一些不同类型的书。孩子把听到的《吴姐姐讲历史故事》中的屈原怎么死的故事，说给全班同学听；把我们一起朗读的"此地无银三百两"的故事说给弟弟听……当她在复述故事的时候，我们想她已经在二次创作，在慢慢地进步了。

对于孩子来说，书不仅成为她最好的朋友，而且阅读也已经变成了她的日常事务了。为此我很感激老师们！下面就与大家分享我们的具体的实施方法。

1. 我为什么每天要和孩子一起朗诵半小时故事？

在共同分享故事时，我们轮流读，这里面有很多的乐趣，并且通过角色扮演，孩子感觉非常有乐趣。而我们之间也感觉到了快乐，增进了亲子关系。通过这样的方式，可以培养孩子说话的能力，学到了用简单的文字来表达意思，而且日积月累后，孩子说话的流畅性、条理性和规律性也好多了，孩子树立起了自信心。

2. 我选择亲子共读的时间。

通常来说，我们会选择彼此都比较放松的时候，如果太累了，或者孩子这时候焦虑、分心或者有其他干扰的时候就不读，因为我感觉有效阅读比较重要。只要孩子愿意一起读书，而我也有空的时候，我们就开始读，而且我会把读书的时间尽量拉长，只要孩子能接受。如果今天太累了，我只和孩子读几首简短的诗，然后改天再读。

3. 如果碰到一些孩子之前没有接触过的词、成语或者不理解的句子，我不是马上告诉孩子答案，而是让孩子自己试着去查字典。在读的过程中，如果读错了字，我会让她重新读，让她多读几遍。在这个过程中，我是一直鼓励孩子的。

4. 在读英文原版书的时候，我也是这么做的，先查字典，将自己不认识的单词搞清楚，然后读给孩子听，我是用手指指着读的。读完以后，我会让孩子跟着原版录音进行自我指读，一本原版英文绘本可能会要求她读好几次，然后再读相同水平的书。读多了，孩子有兴趣读难一点的书了，再用相同的方法读。

魏嘉妤妈妈

2016 年 6 月 14 日

让阅读成为一种习惯，将悦读变为一份财富
——参加"悦读暖家行动"随笔

第二期"悦读暖家行动"启动招募了，作为第一期活动成员，我是心有得而羞于笔无墨啊！不敢说感慨万千，但是心有所得，并且悦读活动在悄悄改变我的观念与习惯……不擅长写作的我，试试吧，把自己的切身感受记下来就是。

说来挺巧，在今年三四月份，我看到了厦门朋友的一条微信，对"悦读"二字颇有兴趣，就立马在微信上搜索"福州悦读"，找到了"语文榕"，知道了正在筹备中的"悦读学堂"，于是加入了微信群、QQ群……

作为家长的我们，虽然都被认为是知识分子，但是从小没有养成每日阅读的好习惯。当自己的孩子开始阅读的时候，我们没有注意或者不知道如何帮助他们养成习惯。5月初，福建少年儿童出版社、福建省少年儿童图书馆，携手海峡儿童阅读研究中心、海峡悦读学堂，一同打造

的"悦读暖家行动"开启了！同时开启了我们与海峡悦读学堂的一次次亲密接触，而后遇到了充满亲和力的子鱼老师，遇到了考虑周到的悦读小助手，还遇到了耐心细心的学堂工作人员，参加了不少海峡悦读学堂精心准备的活动，感受到了活动组织者和主办方的用心、真诚！

"悦读暖家行动"——"331"是什么意思？我经常随口问我女儿，是为了考考她，也是为了加深她的印象，加深她对悦读的意义的深刻印象。同时也提醒作为家长的我要多陪伴孩子，让她养成阅读的好习惯，一生爱阅读！能够一生阅读、悦读——她将受益终身，是任何物质财富都无法替代的！

331——日读 30 分钟，月读 3 本书，一生爱阅读！简洁的数字，让孩子很明确对于阅读自己每天可以做什么，应该做什么。前半个月，我们每天可以做到看会儿书，几乎每天做笔记，感觉每天都收获满满的；后半个月，坚持看书，经常忘了做笔记，渐渐就忘了做笔记，有时也忘了看书……第一个活动月里，我明白了适当地做笔记，能督促自己。后来，孩子和我互相监督：今天我们阅读了吗？让阅读成为一种习惯，让悦读成为一种生活必需品。

参加了"悦读暖家行动"，不仅仅在这一个月的活动期里自觉做到每日阅读，我们还会把"331"发扬光大，适当地写笔记、日志等，有助于坚持。让阅读成为一种习惯，将悦读变为一份财富。

吾青（可欣妈）

2016 年 6 月 13 日凌晨

"悦读暖家行动"心得分享

我是一个比较重视阅读的妈妈，在我的孩子未出生前，我就决心把阅读作为一份重要的礼物送给她。她出生后能坐了，我就开始为她阅读，目前家里的绘本已有上千册。我的女儿也有较好的阅读习惯，她总是拿着书追着我们为她"讲故事"。

我小时候没有阅读过绘本，当妈妈前，我甚至不知道有"绘本"这类书。对于刚走上职场的父母来说，有一方平静的书桌，用一颗宁静的心去阅读，有时候是一件特别奢侈的事情。感谢我们的孩子，让我们有机会阅读这么多优秀的儿童文学作品。陪伴阅读的过程，也是我们再一次成长的过程。

很高兴参加了这次"悦读暖家行动"，今天我想分享三点感受。

1. 大人是孩子阅读的守门人

很多爸爸妈妈会带幼儿去图书馆或书店，让孩子自己选择书籍，这一点我不是很赞同。3~6岁的幼儿还没有辨别判断作品质量的能力，比如我的女儿去书店，小女生可能会选择那种封面闪亮、讲公主故事的书籍，但这类书的营养价值往往不高。在孩子最初的阅读阶段，父母要做书籍质量的把关人。如何选书，需要我们花心思去研究和学习，网络上有很多文章和书单可以参考。

上回我和女儿去省少儿图书馆看书，我们选了一本方素珍的《祝你生日快乐》，我一看到"方素珍"，就相信这会是一本很棒的书。女儿以为是讲一个开心地过生日的故事。我们拿下来读，没想到是讲一个患癌症的小女孩的故事，这个故事虽然温暖，但不免有些悲伤。我女儿看了一半就难过起来，不断问我："妈妈，如果你死了，我怎么办呢？"

然后当场落泪，情绪激动。她对我说："妈妈，我不想看讲死的书，以后你给我看的书，你要先看一遍，看看可不可以给我看。"因为她对"死亡"还不能完全接受。不是说不要和孩子谈"死亡"，而是说如果我们没做好充分的准备，就不该突然提起。她的话提醒了我，在给孩子阅读前，我们要先看一遍，看看是否适合孩子当下的身心发展特征与认知水平，包括她的理解与接受能力。

2. 多元阅读，不偏食

上次活动启动仪式上，子鱼老师曾提到阅读要"不偏食"，要大量阅读，要杂食。我很有感触，认真反思。我是一个较感性、喜欢文学的人，在为孩子选书时会自觉不自觉地选择那些情节生动丰富、情感真挚细腻的作品，为孩子朗读时也十分投入，比如《花婆婆》、"宫西达也恐龙"系列，自己读得眼泪汪汪，十分感动，我女儿也喜欢听我读。我也买一些自然科普类的读物，比如《昆虫记》和"亲亲自然"系列，但是对于这些书，一方面我读得少，另一方面读起来不投入，觉得枯燥，特别是女性对"昆虫"似乎心有畏惧。好像我女儿的喜好和我一样，也爱看神话等有人物有情节的故事。究竟是她本来如此，还是受我影响？

上次活动结束后，我有意识地把《昆虫记》摆放在书架显目的位置上，并建议一起看这套书，女儿欣然同意。我提醒自己，要带着对未知世界的探索精神，保持好奇心来读。没想到，孩子非常喜欢。读完后，她开始留意小区里的昆虫，想去捕捉菜粉蝶，观察蚂蚁窝，也曾发现天牛、蟋蟀、金龟子等各种小昆虫。我发现，孩子天生是不"偏食"的，如果偏食，可能是我们影响的结果。因此，我们的兴趣偏好可以是一种引导，但是不能成为限制或束缚孩子多元阅读的一个因素。不同类型的书籍会带来不同的体验，有些重知识，有些重情感。只有多元阅读，才有助于孩子多元思维的培养。

3. 阅读需要拓展

子鱼老师提到，绘本的充分使用要"读、玩、说、找、演"。我的感受也是阅读不能仅停留在阅读层，要知识与实践并重。前阵子幼儿园举办儿童节经典诵读活动，我女儿参与朗诵《三字经》，我就给她讲了一些《三字经》中的故事。其中有个和氏璧的故事，讲的是春秋时期卞和三次献璧给君王，前两次都被认为是普通的石块，最后剖开石头才发现是稀世珍宝。我女儿不是很理解，为什么玉会被认为是石头？刚好那个周末我们一起去三坊七巷，逛到一家玉石馆，馆里展示了很多璞玉，就是没有完全开采加工过，外面仍包着石头的玉石。我女儿一见，恍然大悟地说："妈妈，原来玉真的在石头里面，卞和才会被误会。"生活中有很多可以与书籍相结合的场景，我们在阅读之后可以多引导孩子去感受。

我曾从事过语文教学工作，作文是特别难辅导的，要把文章写好，得满足两个条件，一是大量课外阅读的积累，二是对生活、生命有真切的感受。抛开这两点，技巧的训练往往只是临阵磨枪，没有后劲。也就是古人所说的：读万卷书，行万里路。阅读要与生活实践相结合。

以上是我参加活动后的三点感受。

有一种育儿观很流行，就是所谓的"静待花开"，很多人误会了"静待花开"的含义。静待花开，不是无所作为，不是顺其自然。一个孩子是夏荷，还是秋菊或是冬梅，什么时候绽放，可能每个孩子自有时序，我们难以预料，但前提是，我们曾经在春天播撒过一颗种子呀。而阅读，就是这样一颗宝贵的种子。

最后分享一段曾经感动过我，也不断勉励我的话，来自《朗读手册》："你或许拥有无限的财富，一箱箱珠宝与一柜柜黄金。但你永远不会比我富有，我有一位读书给我听的妈妈。"

愿我们在陪伴孩子阅读的路上，走得更长更远！

省直象峰幼儿园中二班　王悠然妈妈

2018 年 6 月 7 日

"悦读暖家行动"活动心得

对于宝贝，我一直觉得陪伴就是最好的爱，而亲子阅读则是最好的陪伴。"悦读暖家行动"就是让我们更好地和孩子们一起阅读，让我们更好地享受阅读的乐趣，进而激发孩子主动阅读的能动性，让阅读的温暖呵护宝贝健康成长，让亲爱的宝贝体会到爱的伟大和世界的美好，培养自觉主动、积极健康向上的人格的活动。

通过共读，我们能与孩子共同学习，一同成长；通过共读，为我们创造了更多与孩子沟通的机会，彼此分享读书的感动和乐趣；通过共读，激发了孩子的创造性思维，带给孩子更多的欢喜、智慧、希望、勇气、热情和信心。

参加"悦读暖家行动"一个半月以来，虽然每天工作都很忙，但我始终做了合理安排，坚持安排固定的睡前时间陪伴孩子阅读，并用文字记录着每次阅读的点滴。通过简单的文字记录，让我更加体会到宝贝的成长，更让我发现了孩子那最可爱真实的一面。这其实不仅净化了我的心灵，也让我更加客观地认识孩子，认识自己。更好地懂得孩子，也就懂得了自己，我认为这是亲子教育的重要一环。

正如子鱼老师所说的："简单的事情重复做，重复的事情用心做。"每天的阅读没有固定的读本，也没有固定的形式，有的时候同一本书孩子会让你讲好多遍，爸爸讲了，还要让妈妈讲，然后自己讲给爷爷听。因为每次他都会有新的发现，提出各种各样的问题，而这些家长都要认真对待，不得有半点敷衍。孩子从最初的要引导着看书，到现在每天阅读已然自觉成为习惯。从最初的要陪读，到现在自己认真专心地看各类书。从最初的不敢大声讲故事，到现在喜欢让我给他拍视频，还与老师、同学一同分享。孩子在阅读中培养了良好的阅读习惯，懂得了更好地爱护书本，曾多次提醒我不能把借来的书弄坏。

孩子从最初的对图书馆不大感兴趣，到现在可以和我待在绘本区一天，自己认真看书。从要我选书，到主动选择。从画画没有耐心，到现在和我一起画画，自己选择画笔的颜色，选择画什么，起个动听的名字，再对自己的画作讲一个完整的故事。在讲述中，我都能感受到前面阅读的影子。更多的是，下班回来，我和孩子妈妈在厨房一起做饭，听着孩子很认真地给他爷爷讲着书本里的故事，有时我们会发现，他竟然讲得比爸爸妈妈还好，因为很多绘本真的需要清晰的逻辑表达能力。很多绘本其实很难讲，不否认我有时真的很难理解，但是为了孩子，我会先上网查找参考资料，学习经验，以便更好地阅读。我印象比较深的是《月亮，您好吗》，还有孩子喜欢的科普类绘本《奇妙的气象奇观》和《建隧道》……孩子就是这么奇妙，你觉得难讲的，他更是好奇心满满，而好奇心才是孩子最大的主动性。

就是这样的坚持阅读，让我深刻体会到了孩子已经真正成为阅读的主角，更能感受到阅读在他心中的分量。阅读已经像每天刷牙一样成为再平常不过的事，是习惯，更是爱。这就是阅读的乐趣。

当然，我也坚信，"悦读暖家行动"还将继续。因为这样的阅读，我和孩子还会坚持,更要不断学习。让我们一起携手努力,不断向前,为爱加油!

省直象峰幼儿园小二班　郑望成爸爸

二、活动反馈表

反馈表一

参与者	魏嘉妤、妈妈
阅读反馈	

* 在"悦读暖家行动"中的体验和收获总结

做法:

1.通常饭后或者睡觉前朗读半小时左右,孩子对亲子故事时间怀有期待,而且通过这样一件共同做的事,我们变得更有共同话题,我们的感情变得更好。

(具体做法:自己先看一遍要朗读的故事,标出好词好句,再声情并茂地朗读,读完以后讲讲文章中一些明显的修辞手法以及简单的结构。)

2.孩子有两个自己的书架,一个是她的床头书架,一个是客厅里的书架,孩子每天放学回来,第一件事便是看自己喜爱的书,通常连吃饭都忘了。孩子知道沙发就是她的阅读区。孩子喜欢听《凯叔讲故事》之《西游记》评书,一听就是好几集。

体验和收获:

爱读书、爱听故事的孩子，真的不用家长操心，家长只管往书架上摆各种类型的书，孩子会自觉地去阅读。通过这次活动，我有以下收获。

1.孩子现在的看书速度大大加快，我经常看一会儿就觉得累，可是一本《智慧快餐》孩子没一会儿工夫就看完了。那么亲子共读的半小时，我们可以一起朗读故事，把一起看过的故事有感情地朗读出来，让阅读变得更有趣，同时让孩子指读文字，孩子的注意力得到训练，还能培养孩子的说话能力。

2.孩子上小学前就已经认识了很多汉字，看书基本不用拼音辅助了，因此二年级时拼音写词就很差。共同朗读时，妈妈要求不认识的字要拼读出来，对孩子的弱项拾缺补漏。

3.这个月我们一家三口共同去大梦书屋看书、买书，孩子常常说，要是每天都能去那里看书写作业，该有多好啊！

4.这个月我们一家三口还一起去看了儿童剧《Hello Kitty 梦游仙境》，"六一"儿童节还一起观看了儿童专场音乐会。动态的阅读活动，小朋友非常喜爱！

5.很多书面语，如"吝啬"，平时口语不太常用，通过朗读来补充孩子的写作素材，孩子变得更加自信！

6.在这 30 天的亲子共读行动中，其实我还尝试英文原版绘本阅读。这是一场非常有意义的体验，也收获了一些亲子共读英文书的经验，孩子对英文书的接受度愈来愈高，对新书的渴求也愈来愈旺盛。接着，我就像被什么东西逼着似的，不得不加紧买故事书、念故事书。孩子的英文老师为孩子最近的进步点赞，并指出：孩子越早接触原版英文，将来说出来、写出来的英文就越纯粹，可避免中式英文。

心中窃喜！这日积月累的亲子活动看似简单，却自然而然地创造了美好的收获。悦读暖家行动，是大人和孩子共同阅读的桥梁！亲子共读，将是一份没有日程表的工作，但是我心甘情愿把这份工作一直做下去！

* 亲子共读中（或生活中与阅读有关）的故事

我以前最喜欢的事情是逛街、做头发、聊天，还有户外运动，现在又多了一件事情，那就是和孩子一起阅读儿童文学作品。通过这 30 天的"悦读暖家行动"，我们共同朗读了 3 本《智慧快餐》，我自己看了《陪孩子走过小学六年爱在自由里》（北京大学出版社），孩子还另外看了一些不同类型的书。孩子把听到的《吴姐姐讲历史故事》中的屈原怎么死的故事，说给全班同学听；把我们一起朗读的"此地无银三百两"的故事说给弟弟听……孩子复述故事，就是二次创作，就是在慢慢地进步。

* 晒一晒活动期间的亲子共读照片（3~4 张）

＃悦读暖家行动＃我想说……

＊（有则填，字数不限）对本次活动的建议、活动中遇到的困惑

　　非常感谢子鱼老师发起的这项活动。作家曹文轩说："一本好书，就是一轮太阳！在阅读中，我们获得了更多关于这个世界的精义、神髓与真谛。"可是我想说："一位好老师，就是一轮太阳！"在孩子热爱阅读之前，能够遇上一位带领孩子步入这条阳光大道的老师，何其幸运！老师提供详细的阅读手册，分步骤详细讲解大人、儿童如何共读，而且如何让亲子共读会变得更有趣，这些技巧我们也是第一次接触到，非常受益；通过"爱读331"（日读30分钟，月读3本书，一生爱阅读）这样一个操作性和实用性、趣味性都特别强的有益行动，30天的时间里，我和孩子都自然而然地爱上了阅读，尤其是孩子，书成了她最好的朋友。阅读已经变成了我们的家常便饭了。感恩！

反馈表二

参与者	俞道新妈妈
阅读反馈	

* 在"悦读暖家行动"中的体验和收获总结

感谢"悦读暖家行动"，家长和孩子多阅读、多分享，可以讨论书中的内容，让阅读变得有趣，我们也多了一个可以讨论的话题。这是非常棒的活动！

* 亲子共读中（或生活中与阅读有关）的故事

在看《红楼梦》这本书的时候，儿子一直问我：贾家是怎么走向衰落的？我说你看完了就知道答案了，我个人认为王熙凤的责任最大，玩弄权力等导致贾家被抄，渐渐走向没落。儿子花了几天时间，也看完了这本书，具体有没有看懂我不知道，但是他看得非常入迷。现在又看了《呼啸山庄》，他说里面的内容有点混乱，很难看懂。我说这本小说是以自述的方式来写的，在适合小学生看的外国小说里，这本书确实有点难理顺故事情节，可以把它放到以后看。之前买了几本外国小说，他都不看。听了子鱼老师的课后，知道了普读法，现在他看课外书比我快多了，我都有点跟不上节奏了。看着儿子爱上阅读，我也很开心。我也要抓紧阅读了。

*晒一晒活动期间的亲子共读照片（3~4张）

#悦读暖家行动 #我想说……

*（有则填，字数不限）对本次活动的建议、活动中遇到的困惑

反馈表三

参与者	伍璐、吴立礼
阅读反馈	

* 在"悦读暖家行动"中的体验和收获总结

　　我们很荣幸参加了第一期"悦读暖家行动",通过这场活动,我和女儿感受到了读书的魅力和快乐。在这次活动中,我和孩子一起阅读了一些儿童文学作品,使我对少儿文学有了新的认识。一些好的少儿小说不仅有生动有趣的故事,还有引人深思的智慧和感悟。例如,我们读的第一本书——《窗边的小豆豆》,作者通过描写小豆豆,一个好奇心特别强的小女孩的一次转学经历,用简洁易懂的文字描绘了一段段有趣又耐人寻味的故事。小豆豆转学后的学校巴学园,是孩子们向往的校园,因为在这里每个孩子的特长都能发挥得淋漓尽致。作为一名教育工作者,我也很羡慕这样的学校,因为他们真正做到了因材施教。巴学园校长的一些做法,可能孩子还不能理解其中的道理,我能在旁指导,更有效地引领孩子思考和发现问题。比如,巴学园的运动会项目对个子矮小的孩子更有利,我就问孩子:"你知道校长为什么要这样设计吗?"其实校长是想帮那些因为身材矮小而感到自卑的学生树立自信。和孩子一起读书,增进了我们之间的交流,让我们有了共同的话题和秘密,关系更加亲密。总之,这场活动让我们受益匪浅,也体会到了读书的快乐。现在,只要周末一有空,我们就会去图书馆或书店看书。真的希望这个习惯能让孩子受益终生!

* 亲子共读中(或生活中与阅读有关)的故事

　　《窗边的小豆豆》是我和孩子一起读的第一本书。里面有一些有趣的情节,成了我们共同的话题。比如,每次吃饭的时候,我都会说:

"宝贝，看看妈妈做的菜，哪个是山的味道，哪个是海的味道啊？"

《孩子，先别急着吃棉花糖》里面的小女孩，在很多方面跟我的孩子挺相似的，我就学着小女孩爸爸的做法教育孩子。每个棉花糖的故事都包含一定的道理，教给了我很多育儿经验。

* 晒一晒活动期间的亲子共读照片（3~4 张）

悦读暖家行动 # 我想说……

*（有则填，字数不限）对本次活动的建议、活动中遇到的困惑

坚持读书确实不是一件容易的事情，需要我们持之以恒，坚持不懈。这段时间，平时帮我们做饭的奶奶回老家做眼部手术了，我们的生活一下子忙碌起来了。我每天除了工作，还要照顾孩子，做家务。孩子临近期末，作业越来越多，有时候要抽出半小时两个人一起读书，是件很奢侈的事情。于是，我们想到了分开读，然后吃饭的时候一起讨论。最让我头疼的是写日志，常常是过了好几天才想起要补前面的，而且填的内容有些是重复的。希望能精简日志，或者看完一本书后再写读后感。

反馈表四

参与者	谢世源
阅读反馈	

* 在"悦读暖家行动"中的体验和收获总结

　　通过参加"悦读暖家行动"，大家每天可互相监督，尽量挤出 30 分钟时间阅读。但由于我们大人事情太多，还经常出差，做得不够好。下一步，我们将继续努力，每天坚持阅读 30 分钟，逐步养成爱阅读的习惯。加油！

* 晒一晒活动期间的亲子共读照片（3~4 张）

反馈表五

参与者	叶奕恺
阅读反馈	

＊在"悦读暖家行动"中的体验和收获总结

　　浮云朝露，不经意间，一个月的时间就这样过去了。感谢"悦读暖家行动"，让我们这一个月为自己留下了特别的岁月印记。

　　小朋友在这一个月里，读了《安徒生童话》、"神奇校车"系列、《大林和小林》《昆虫记》……

　　每天把读书当作一项必须完成的作业来做，收获颇丰。首先，收获了读书的信心。小朋友刚开始看书时，总说好多字，他没法看，看一页就要求我们给他读一页，到现在即使十几页都是字，没有图，他也能自己静静地看下去了。其次，收获了读书的快乐。这个快乐，家长和小朋友一起享受。在和小朋友一起读书、交流书中故事的过程中，我们经常会为收获到的见识而感到快乐。再次，收获了读书的益处。除了书本的知识，读书使小朋友语言丰富，对周遭的事物多了思考，多了观察，多了比较。最重要的是，收获了每天读书的好习惯。看着每天安静阅读的小人儿，前两天爸爸还在感叹。

　　谢谢"悦读暖家行动"，一个激励、共勉的读书行动，让我们携手同行，感谢、分享、传递书本的力量。

＊亲子共读中（或生活中与阅读有关）的故事

　　在西湖大梦书屋，奕恺说：妈妈，看完这三本，我们再回家吧！哈哈，这本书关于肯龙身长的描述，比我们家的《恐龙大百科》里写的少了两米，怎么回事啊？是这本书错了吗？

＊**晒一晒活动期间的亲子共读照片（3~4 张）**

＃悦读暖家行动 ＃我想说……

＊**（有则填，字数不限）对本次活动的建议、活动中遇到的困惑**

　　日志建议采取电子文档形式，可多写也可少写，比用格子固定下来的好。

反馈表六

参与者	游乐家和妈妈
阅读反馈	

* 在"悦读暖家行动"中的体验和收获总结

在一次大 V 绘本节上结识了子鱼老师，我感觉他是一个很风趣、幽默感十足的人，又听说他组织开展"悦读暖家行动"，便果断报名参加了。我很幸运地成为第一批中的一员，到今天即将一个月了，在此做个总结吧！我家开展亲子阅读已有两年多了，除了三餐吃饭外，另外一餐就是读书了。在参加"悦读暖家行动"前，我们是没有做记录的，子鱼老师真的很用心地做这件事，还发给我们每个家庭一本记录手册，可以记录每一天的阅读情况。记到后面，我发现孩子真的一天比一天进步。在此期间我们读过《我爸爸》《我妈妈》《恐龙大百科》《猜猜我有多爱你》等，还有一些经典故事，如《孔融让梨》。记得有一天，家里就剩 4 粒樱桃了，儿子拿起他自己的一粒，他爸一粒，我一粒，剩一粒他问我怎么办。我说妈妈相信你可以解决。他就把樱桃分成两半，一半给我，一半给他爸，顿时让我觉得是读故事让儿子明白了这个道理。还有，我发现爱听故事的孩子心目中有很多向往，很多美好的画面，想象力也是很丰富的。我儿子最爱画的是太阳，还有一些小动物，有时候拿给我看，我真的看不出个所以然，有一些跟绘本里的一样，但跟我们实际生活中的不一样，这就是孩子的想象力，他可以想出一些不一样的东西来，是我们大人想象不到的。每次到一个新的环境，孩子都可以很好地跟陌生人沟通，很容易进入状态。自制力方面，孩子也有很大的提高。有一次，儿子要看电视，我说："看两集就好了，看一些有营养的。"他直接回答："妈妈，我知道了，我一定会听你的话的。"我吓了一跳，心里暗暗高兴。一般都先规定看几集，看完要自己关电视，在这一点上儿子还是做得挺好的。爱听故事的孩子，会很认真地听家人说话，什么应该做、什么不应该做，他都会比较认真地接受。别看那么一小本绘本，里面的字数也不多，但都是每一个作家的心血之作，每一个道理都是那么深入人心。还剩几天我们这一批就要毕业了，以后不管在哪里，我们的阅读之路都将继续，活到老读到老。同时还会让更多的人参与进来，让每位妈妈都能成为孩子心目中最好的妈妈，等孩子长大了，他会很自豪地告诉他身边的朋友，我有一个童年时给我读书的妈妈。再次感谢子鱼老师给我们提供了这次互相学习的机会，谢谢！

* 亲子共读中（或生活中与阅读有关）的故事

　　记得读《猜猜我有多爱你》的时候，我和儿子总是模仿书里的兔子，看谁爱谁多一点。他总是说："妈妈，我很爱你，你也爱我，那你以后就不能骂我哦！"孩子就是孩子，天真可爱，他所谓的爱就是不骂他。有时候我会说："妈妈会变老，你会越长越大。"他就说："我不要妈妈变老，我不长大了，不吃饭了，这样妈妈就不会变老了。"就这么简单的对话，让我感觉心里暖暖的，就像书里的兔妈妈和小兔子一样，满满的都是爱，就这么简单。

* 晒一晒活动期间的亲子共读照片（3~4 张）

#悦读暖家行动 #我想说……

*（有则填，字数不限）对本次活动的建议、活动中遇到的困惑

　　我觉得每日的阅读记录，可以换成发微信朋友圈，这样会吸引更多的朋友，让更多爱阅读的家庭加入进来。

反馈表七

参与者	金遵岳、妈妈
阅读反馈	

* 在"悦读暖家行动"中的体验和收获总结

亲子阅读成了我和孩子共同的生活习惯。遵岳一直有听我讲故事的习惯，几乎每天晚上，我都陪他讲两到三个故事。时间一长，孩子习惯了这种方式。有时因为忙或者其他原因，省去了亲子阅读环节，孩子就很抵触，会缠着要听故事。我告诉孩子：充足的睡眠比听故事要重要很多（也不知这样对不对）。第二天我会尽量弥补，尽可能腾时间多给他讲些故事，让他选择喜欢的读本，我讲给他听。

他在故事里收获了很多快乐和满足，就这么不知不觉中，他也认识了不少汉字，学到了好些词汇。作为妈妈，我好期待他可以开开心心地进入小学，学好拼音，认识更多的字，这样他就可以自己阅读了。等到那时候，他就有了自己的阅读兴趣和阅读习惯，可以尽情选择自己喜欢的读物，埋头啃书。（哈哈，是不是有点夸张？）我想着，那时候的他会更懂事，也会更懂得鉴别好与坏、善与恶。

我相信阅读能开阔孩子的视野，丰富孩子的心灵。我也希望自己通过学习，培养孩子良好的阅读习惯，塑造孩子良好的性格。

很感谢"悦读暖家行动"，以前陪孩子读书，看了也就看了，没有任何记录，现在我会把孩子看过的书记下来，孩子也很喜欢这样的方式。有时孩子会回头看看自己都看过哪些书，喜欢的还会再拿起来翻阅，或者让我读给他听。

* 亲子共读中（或生活中与阅读有关）的故事

我印象最深的就是带孩子阅读《火车上的乔安娜》，读完后他抱着这本书不愿意放下，抱在心窝里，一直说着："太好看了……"

隔了半个月，孩子再看到这本书时，脸上堆满了笑："妈妈！你知道吗？我有一次做梦，梦到了《火车上的乔安娜》。我问你，可以买这本书吗？你说可以。然后我就好开心。"我暗暗笑了，心想着，哪天真应该带他去逛逛书店，让他自己选购喜欢的书。

* 晒一晒活动期间的亲子共读照片（3~4 张）

悦读暖家行动 # 我想说……

*（有则填，字数不限）对本次活动的建议、活动中遇到的困惑

可以多征集家长感到困惑的问题和需求；给家长们上微课。

反馈表八

参与者	颜可欣和妈妈
阅读反馈	

* 在"悦读暖家行动"中的体验和收获总结

5月初，福建少年儿童出版社、福建省少年儿童图书馆，携手海峡儿童阅读研究中心、海峡悦读学堂，一同打造的"悦读暖家行动"开启了！同时开启了我们与海峡悦读学堂的一次次亲密接触。而后遇到了充满亲和力的子鱼老师，遇到了考虑周到的悦读小助手，还遇到了耐心细心的学堂工作人员。我们参加了不少由海峡悦读学堂精心准备的活动，感受到了活动组织者以及主办方的用心和真诚，谢谢你们！

"悦读暖家行动"——"331"是什么意思，我经常随口问我女儿，一边考考她，一边是为了加深她的印象，加深她对悦读的意义的深刻印象。同时是在提醒作为家长的我陪伴孩子，让她养成阅读的好习惯，一生爱阅读！能够一生阅读、悦读——她将受益终身，是任何物质财富都无法衡量比较的！

331——日读30分钟，月读3本书，一生爱阅读！简洁的符号，让孩子很明确对于阅读自己每天可以做什么，应该做什么。前半个月，我们每天可以做到看会儿书，几乎每天笔记，感觉每天都收获满满的；后半个月，坚持看书，经常忘了做笔记，渐渐就忘了做笔记，也会忘了看书了……第一个活动月里，我明白了适当地做笔记，能督促自己！后来，孩子和我互相监督：今天我们阅读了吗？让阅读成为一种习惯，让悦读成为一种生活必需品！

参加了"悦读暖家行动"的活动，不仅仅在这一个月的活动期里每日自觉阅读，我们还会把"331""发扬光大"，适当地写笔记、日志等有助于坚持。让阅读成为一种习惯，将悦读变为一份财富！

＊亲子共读中（或生活中与阅读有关）的故事

　　"送给我也曾离家出走过的哥哥艾伦，送给约翰尼"的儿童绘本《阿尔菲出走记》，可可读完后，生气时最常对我说的就是："我要离家出走！"刚开始，我都不知道如何回应她。当我也认真地阅读这本绘本后，似乎懂得了可可是希望我与她有类似文中的对话，主要是希望我们母女在语言方面有进一步的交流！

＊晒一晒活动期间的亲子共读照片（3~4 张）

#悦读暖家行动 #我想说……

＊（有则填，字数不限）对本次活动的建议、活动中遇到的困惑

　　欢迎结伴参加"悦读暖家行动"，这样会有更多更好的交流。

反馈表九

参与者	耿念北

阅读反馈

* 在"悦读暖家行动"中的体验和收获总结

参加"悦读暖家行动"确实是一次很好的体验。

之前，孩子的阅读属于自由散漫的状态。记得她小时候，大概是两岁的时候，经常坐在我的腿上跟我一起看书。后来从《幼儿画报》开始读绘本，慢慢就习惯了与书为伴的生活，家里也不断地增加书籍储备。后来还专门给她弄了一个小书柜，她很喜欢，慢慢地自己会找喜欢的书看。

可是她的阅读也不可避免地存在一些问题，比如不喜欢将自己读过的书讲述给别人听，尤其是家人，读了挺多，不知怎么分享。作为家长，我也对亲子阅读存在认识上的偏差，以为只要给孩子购置图书就可以了。其实，亲子阅读的关键在于家庭阅读环境的营造，家长要养成爱看书的习惯，孩子才会在持久的陪伴中养成阅读的习惯，并长期保持下去。

通过参加"悦读暖家行动"，我们也认识了很多爱阅读并懂得亲子阅读的家长，我对此有很大的触动。

* 亲子共读中（或生活中与阅读有关）的故事

我跟孩子的亲子共读，是她读一页我读一页，有时候我读错一个字或跳字，她会马上指出来。特别是碰到一些有趣的情节，她会比我更早察觉，然后大声地笑出来。

＊晒一晒活动期间的亲子共读照片（3~4 张）

＃悦读暖家行动 ＃我想说……

＊（有则填，字数不限）对本次活动的建议、活动中遇到的困惑

1.为期一个月的活动中，可以考虑在半个月的时候举行一场座谈，大家面对面交流自己的做法，有利于优化后半个月的活动。

2.遇到的困惑：怎样在阅读实践中淡化自己对阅读的功利心，避免今后孩子仅为作文而阅读？

反馈表十

参与者	王芷悦和妈妈
阅读反馈	

* 在"悦读暖家行动"中的体验和收获总结

其实本人平时很少看书，孩子上幼儿园后，才开始慢慢关注并重视孩子的阅读，喜欢看与小孩阅读相关的信息，参加与阅读相关的活动，周末偶尔带孩子去图书馆感受读书的氛围，让孩子选择自己喜欢看的书，有时也借一些书回家。

在参加活动前，宝贝每天睡前都要选一本绘本，让妈妈或爸爸朗读给她听。有时我想看手机或做自己的事，就偷懒不想讲，打开手机播放给她听，有时也耍赖找各种理由不讲。

听完子鱼老师的讲座后，每天晚上不管多累，不管多迟回家，只要孩子想看书，我都不会拒绝。在给孩子朗读故事时，我有时学着"演奏"故事，使故事更生动，让孩子听起来感觉更有趣，更能吸引她往下听，急迫地想知道后面的内容。最近给孩子朗读了《大象巴巴故事全集》《不一样的卡梅拉》等书后，我发现读完一个故事后，孩子很期待，想知道后面的故事。在给孩子朗读故事时，遇到她听不懂的词语时，她就会问，然后我们解释给她听，孩子就从故事中学会了新的词语，日积月累，在生活中这些词语有时就脱口而出；一边朗读一边看图，读到有趣的句子或看到一些生动形象的画面时，她会哈哈大笑。看到孩子快乐地笑，那一刻作为父母的我们做什么都值了。

给孩子朗读的过程中，我们也在学习，也有了更多和孩子交流的话题。阅读让我们的孩子在健康快乐中学习，享受故事带来的乐趣。爱阅读是幸福的，爱阅读是快乐的！

* 亲子共读中（或生活中与阅读有关）的故事

　　最近讲的是《不一样的卡梅拉》，孩子新学了一个词"无影无踪"。有一次，我们一家三口在路上走，爸爸走在我俩的前面，走得很快，没一会儿就看不到人影了。女儿发现了，就说了句："妈妈，爸爸怎么走得这么快，一下子就跑得无影无踪了？"这就是阅读中不知不觉得到的收获吧！

* 晒一晒活动期间的亲子共读照片（3~4 张）

 # 悦读暖家行动 # 我想说……

*（有则填，字数不限）对本次活动的建议、活动中遇到的困惑

第七章 "悦读暖家行动"大事记

2016 年 5 月 16 日下午

"悦读暖家行动"第一期启动仪式。30 组家庭上台共读倡议书，儿童文学学者林文宝、儿童文学作家子鱼等出席并发言。

同时，为配合第一期"悦读暖家行动"的启动，邀请林文宝先生在"名家讲坛"少儿阅读推广讲座中作了《教育是在做什么》的主题讲座。林文宝先生向现场读者阐述了快乐阅读的重要性，介绍了儿童与阅读的概念，也谈了对儿童文学的认识及儿童阅读的指导方法等。

2016 年 5 月 21 日上午

特邀福建幼儿师范高等专科学校儿童阅读推广团队的志愿者们，与第一期"悦读暖家行动"家庭的孩子们相约"'故事姐姐'说故事"，带领孩子们走进童话剧与绘本阅读的奇妙世界。故事讲完后，阅读推广人郑伟教授与在场的父母们分享亲子阅读的理念与方法。

2016 年 5 月 21 日下午

著名儿童阅读推广人胡志远老师主讲的"创意读写系列专场"讲座之《认识我自己，写出我自己》在福建省少儿图书馆一楼报告厅举办。胡老师通过绘画的方式鼓励同学们勇敢表达自己，把自我的内心想法画出来，写出来，强调"乐于感受、善于表达"才是现阶段孩子们应该培养的写作素养，鼓励孩子们尝试"从读到写"。

2016 年 6 月 17 日晚上

"悦读暖家行动"第一期成果分享会暨第二期启动仪式在海峡悦读学堂举办。首期"悦读暖家行动"的家庭成员进行心得分享之后，子鱼老师作 30 天阅读指导，最后对第一期"悦读好家庭"进行表彰。

2016 年 6 月 18 日下午

"名家讲坛"讲座《纯净阅读，快乐写作》在福建省少儿图书馆一楼报告厅举办，中国作家协会会员李秋沅老师讲述了自己的阅读写作经历，还向现场小朋友们提出了"从抒发个人感受的角度写日记"的建议。

2016 年 6 月 25 日下午

著名儿童阅读推广人胡志远老师主讲的"创意读写系列专场"讲座《我的一家——家庭人物的读和写》在福建省少儿图书馆举办，胡老师用幽默风趣的语言，生动形象地给小朋友们讲述了如何借助比喻和拟人的手法，描述自己的家人。

2016 年 7 月 16 日下午

"名家讲坛"讲座《儿童文学与阅读》在福建省少儿图书馆一楼报告厅举办。儿童文学作家子鱼老师通过幽默风趣的讲述方式，引领读者认识儿童文学，帮助读者了解儿童阶梯阅读，以及广泛阅读对培养孩子阅读能力的重要影响。

2016 年 7 月 17 日上午

"悦读暖家行动"第二期成果分享会暨第三期启动仪式在福建省少儿图书馆二楼多功能厅举办。第二期"悦读暖家行动"的家庭成员进行心得分享后，福州台江第三中心小学的刘婕老师以《小太阳》为例作整本书阅读指导。最后，对第二期"悦读好家庭"进行表彰。

2016 年 7 月 23 日下午

著名儿童阅读推广人胡志远老师主讲的"创意读写系列专场"讲座《熟悉的陌生人》在福建省少儿图书馆一楼报告厅举办，胡老师用三个小片段串起本场讲座的主题"如何写出真情实感"。

2016 年 8 月 6 日上午

由小学语文高级教师、福州市晋安区骨干教师陈洁主讲的关于亲子阅读与写作的讲座《陪伴——孩子阅读、写作能力的培养与提高的法宝》，在福建省少儿图书馆一楼报告厅举行。指导阅读家庭如何进行亲子共读和共写，是本次讲座的主题。

2016 年 8 月 6 日下午

福州市骨干教师陈秀琴在福建省少儿图书馆一楼报告厅带领大家"发现无字书的魅力"，陈老师以 5 本无字图画书为例，与大家一起探讨无字书的神奇魅力。

2016 年 8 月 16 日上午

讲座《念念不忘乐其中——提升诵读的音韵之美》在福建省少儿图书馆二楼多功能厅举办，福州人民广播电台《晚安宝贝》主持人晓月老师结合自己多年专业主持的丰富经验，以及对孩子、文学作品的真切喜爱，以孩子们熟悉的诗词为例，分享诵读过程中形态和声音的把握、感情的投入等方面的心得。

2016 年 8 月 20 日下午

"名家讲坛"创意读写系列专场之《我和一条小狗对话过——"鱼虫鸟兽"的读和写》，在福建省少儿图书馆一楼报告厅举办。著名儿童阅读推广人、《中国教育报》"2010 年度推动读书十大人物"之一的胡志远老师，带领大家一起畅聊养狗、钓鱼、捉虫、观鸟等生活中难忘的事情，引领大家走入阅读与写作的世界。

2016 年 8 月 27 日下午

"好书大家读"之《儿童文学，读中学写》讲座在福建省少儿图书馆一楼报告厅举办，中小学高级教师、福建省小学语文学科带头人王晓莺老师，从童诗、童话、绘本、故事等几个方面与现场 200 多名读者展开了一场精彩的对话。

2016 年 9 月 4 日上午

"悦读暖家行动"第三期成果分享会暨第四期启动仪式，在海峡悦读学堂举办。家庭成员们遵照"悦读暖家行动"指导手册，慢慢营造了家庭阅读的氛围。对第三期"悦读好家庭"进行表彰。

2016 年 9 月 10 日教师节

"名家讲坛"创意读写系列专场讲座《你好，老师——熟悉人物的读与写》在福建省少儿图书馆一楼报告厅举办，著名儿童阅读推广人、《中国教育报》"2010年度推动读书十大人物"之 一的胡志远老师，与读者在共读优秀文学作品中，寻找中国最美教师，探寻写人叙事的独特写法，发现阅读与写作的奥秘。

2016 年 9 月 24 日上午

"红领巾讲坛"特别推出了《绘本阅读激发创意》公益讲座，邀请著名绘本专家、"播撒阅读种子"的花婆婆方素珍老师，为现场读者带来了一场绘本阅读的盛宴。

2016 年 10 月 14 日晚

"悦读暖家行动"第四期成果分享会暨第五期启动仪式，在海峡悦读学堂举办。家庭成员们遵照"悦读暖家行动"指导手册，慢慢营造了家庭阅读的氛围。子鱼老师作 30 天家庭阅读指导。对第四期"悦读好家庭"进行表彰。

2016 年 11 月 5 日下午

"好书大家读"儿童阅读推广讲座之《非常师生——孔子及其弟子的故事》在福建省少儿图书馆举办，来自福州市屏西小学的"爱讲历史故事的语文老师"张小椿，为孩子们讲述了《论语》篇章之外的孔子与弟子之间的有趣故事，鼓励孩子们在儿童文学之外"不偏食"，文史哲及科学读物等也应广泛涉猎。

2016 年 11 月 6 日上午

《阅读让成长更精彩——关注孩子的早期阅读能力》讲座在福建省少儿图书馆一楼报告厅举办，知心姐姐心理健康教育培训中心研究员、团中央《知心姐姐》杂志社心理健康教育全国巡回报告团讲师吴润松，与读者朋友们分享早期阅读的相关知识。

2016 年 11 月 13 日上午

"化羽寻蝶绘本之旅"主题活动在福建省少儿图书馆一楼大厅举办，巴西绘本大师罗杰·米罗畅谈了自己对中外绘本融合的看法，给了参加"悦读暖家行动"的孩子们近距离接触大师的机会。

2016 年 11 月 19 日下午

"悦读暖家行动"第五期成果分享会暨第六期启动仪式，在福建省少儿图书馆二楼多功能厅举办。家庭成员们遵照"悦读暖家行动"指导手册，慢慢营造了家庭阅读的氛围。子鱼老师作 30 天家庭阅读指导。对第五期"悦读好家庭"进行表彰。

2016 年 11 月 26 日下午

"好书大家读"儿童阅读推广讲座之《读诗韵，品诗情》在福建省少儿图书馆一楼报告厅举办，来自教学一线的张小椿老师与孩子们分享了他学古诗、教古诗的心得体会。

2016 年 12 月 3 日下午

《各种各样的节——"社会生活事件"的读与写》，著名儿童阅读推广人胡志远与孩子们分享节日文化，并教孩子们写出优秀的"节日作文"。

2016 年 12 月 10 日下午

《教育戏剧：点亮童心，寓教于乐》，教育戏剧专家郭群副教授通过互动游戏的方式，带领孩子们认识教育戏剧的起源、发展、作用及其在儿童团体中的具体运用。

2016 年 12 月 17 日下午

《孩子生活尽在哲学里》，儿童文学作家子鱼老师通过绘本故事，与大家一起探究孩子的生活哲学，帮助父母进一步了解孩子，感受孩子的生活智慧。

2016 年 12 月 24 日晚

"悦读暖家行动"第六期成果分享会在海峡悦读学堂举办。家庭成员们遵照"悦读暖家行动"指导手册，慢慢营造了家庭阅读的氛围，成员们就参加活动的心得体会及亲子共读的做法进行了热烈的交流。第六期"悦读好家庭"受到了表彰。

2017 年 4 月 9 日上午

《爱阅读，爱写作》——"悦读暖家行动"第七期（福州屏西小学专场）启动仪式在海峡悦读学堂举办。儿童文学作家两色风景、屏西小学校长陈华、阅读推广人张小椿、知名编辑陈天中到场，分别作阅读写作指导，分享了阅读带给个人的成长体验。

2017 年 4 月 12 日上午

"悦读暖家行动"第八期（钱塘小学专场）启动仪式在钱塘小学南楼多功能厅举行。儿童文学作家、阅读推广人子鱼老师作 30 天阅读指导。

与现场同步进行的，还有各班的微信群直播，总计有 1000 多个家庭参与。

2017 年 4 月 15 日下午

福建省少儿图书馆一楼报告厅，全国知名儿童阅读推广人李一慢老师登上"名家讲坛"，带来讲座《从亲子共读到独立阅读之间》，分享分级阅读的理念和做法，给参加"悦读暖家行动"的成员家庭以满满的收获。

2017 年 4 月 22 日下午

由儿童文学作家、说演故事高手子鱼老师为读者朋友带来的"名家讲坛"少儿阅读推广讲座《儿童阅读理解与测评》，在福建省少儿图书馆一楼报告厅举办。子鱼老师旁征博引、妙语连珠，向读者传递了"不拘泥于固有模式"的阅读理念。

2017 年 4 月 22 日下午

福建幼儿师范高等专科学校的儿童阅读推广团队志愿者，给小朋友和家长们讲故事，分享儿童阅读的益处，普及从小培养孩子阅读能力和阅读习惯的重要性。

2017 年 5 月 20 日上午

"悦读暖家行动"第九期（福州市台江区图书馆专场）启动仪式在福州市台江区文化活动中心 11 楼隆重举行，儿童文学作家子鱼老师现场作 30 天阅读指导，还给大家带来了精彩的故事讲演。来自福州市台江区第三中心小学、鳌峰小学等 3 所学校的 200 多个家庭参加了讲座。

2017 年 5 月 20 日下午

儿童文学作家、说演故事高手子鱼老师带来讲座《很久很久以前——从中国神话故事谈起》，引导现场读者朋友们阅读神话，体会神话，一起剖析神话的真谛。

2017 年 5 月 28 日上午

在福建省少儿图书馆一楼报告厅,福州市鼓山中心小学傅冬群老师带来讲座《将故事进行到底——生活即语文,语文即生活》,引导孩子们从"听、说、读、写"四个方面关注生活,学习语文。

2017 年 6 月 3 日下午

在"我们都是朗读者"系列之《声音 007 登场啦》中,知名电台主持晓月老师通过原创童话故事讲述,使大家了解了不同角色发音的差异。晓月教师还对发音方法进行了有针对性的指导,给予讲故事的家长们很大的启发。

2017 年 6 月 24 日下午

儿童文学作家、说演故事高手子鱼老师带来少儿阅读推广讲座《儿童阅读与民间故事》,带领读者走进民间故事,在认识民间文化发展轨迹的同时,培养孩子们对民间故事的兴趣,激发他们的阅读热情。

2017 年 7 月 1 日下午

信息技术名师潘高峰登上"好书大家读"讲坛,以其多年科技实践和教辅经验,引导大家关注身边的科学现象及相关原理。

2017 年 7 月 8 日上午

在"名家讲坛"少儿阅读推广讲座《儿童阅读材料选择与讲故事技巧》现场,来自美国的一位博士给家长和孩子们带来了关于故事讲述的阅读理论指导以及现场实例学习。

2017 年 7 月 22 日下午

作家、劳模教师刘仙芹登上"好书大家读"讲坛,带领大家走进两本入选 2017 年"我最喜爱的童书"阅读推广活动 30 强提名的童书:《寻找维尼》《天青》,引导孩子们做整本书阅读。

2017 年 8 月 12 日下午

福建少年儿童出版社资深编辑、经典阅读推广人陈文景老师为大家带来讲座《中国好家风——经典家规家训赏析》，带领大家走进中华传统家规家训的世界，通过对经典家规家训的赏析，洞察古人的无穷智慧。

2017 年 8 月 26 日下午

长期活跃在儿童写作指导一线的温暖闽老师登上"好书大家读"讲坛，带来讲座《让孩子爱上写作》，为家长们讲述了写作的理念，以及有助于提高孩子写作水平的方法。

2017 年 10 月 21 日下午

晓月阿姨带来"我们都是朗读者"之《有声有情最动人》讲座，带领大家通过对照学习的方式认清表达的不同层级，引导大家了解自己的表达状态，从而更有针对性地提升表达能力。

2017 年 11 月 25 日下午

儿童文学作家、资深编辑陈天中老师登上"好书大家读"讲坛，带来讲座《阅读密码在哪里——谈谈如何有效阅读》，结合自己多年的写作与阅读经验进行讲解。

2017 年 11 月 25 日下午

福建幼儿师范高等专科学校的故事哥哥姐姐团队来到福建省少儿图书馆，带领小朋友们踏上故事列车，走进童话的王国。

2017 年 12 月 9 日

"科学逗爸"张航老师登上"好书大家读"讲坛，带来"爱生活、爱科学、爱阅读"系列讲座之《让科学插上艺术的翅膀》。

2018 年 1 月 6 日下午

"名家讲坛"少儿阅读推广讲座《做一件让世界美丽的事——看绘本〈花婆婆〉的叙事手法》在福建省少儿图书馆一楼报告厅举办。儿童文学作家子鱼老师带领孩子们走进"美丽"的《花婆婆》,挖掘绘本中的线索,找寻书中的情感。

2018 年 1 月 13 日下午

福建省少儿图书馆一楼报告厅举办"好书大家读"儿童阅读推广讲座《思维导图,让阅读向更深处漫溯》,语文名师金亮带领孩子们学习绘制思维导图并运用其为阅读提质增效。

2018 年 1 月 27 日下午

福建省少儿图书馆一楼报告厅举办"好书大家读"儿童阅读推广讲座《遇见·预见——经典素材积累和转换技巧》,语文教师陈衡与孩子们分享积累写作素材的方法,并加以有效转换,写出优秀作文。

2018 年 2 月 10 日下午

福建省少儿图书馆一楼报告厅地理老师王信文通过讲座《"24 节气":春风送暖始听雷》,带大家从"立春"开始,认识二十四节气。

2018 年 3 月 3 日下午

福建省少儿图书馆一楼报告厅举办讲座《谈谈年节民俗三大兽——年、夕、岁》,儿童文学作家子鱼老师通过故事演绎等方法,带领大家走进年节三大兽的奇妙故事,在故事的阅读过程中体会先民的智慧。

2018 年 3 月 10 日下午

福建省少儿图书馆一楼报告厅举办讲座《帮助孩子爱上阅读》,儿童阅读专家王林博士从选择读物、分享图书、评估阅读能力、语文课学习等方面,与大家分享让孩子爱上阅读的方法。

2018 年 3 月 11 日上午

福建省少儿图书馆一楼报告厅举办讲座《图画书:阅读与教学》,儿童阅读专家王林博士与幼儿阅读老师讲述如何把图画书作为一种教学资源与孩子们分享。

2018 年 3 月 17 日下午

福建省少儿图书馆一楼报告厅举办讲座《"课改"新形势，家长如何应对阅读新挑战》，来自厦门的杜文斌老师与大家聊了儿童阅读，并为小学中、高年级的孩子们推荐了一批按阅读能力分层次进行的阅读书目。

2018 年 3 月 24 日下午

福建省少儿图书馆一楼报告厅，在"书影共赏促成长"系列之《和巨人一起圆梦》中，胡志远老师带领孩子们感受世界奇幻文学大师罗尔德·达尔的《好心眼儿巨人》童书与电影合奏的精彩。

2018 年 4 月 7 日下午

在讲座《谈整本书阅读策略——以〈阿凡提的机智旅行〉为例》上，儿童文学作家子鱼老师以《阿凡提的机智旅行》为例，带领大家进行整本书阅读。

2018 年 4 月 22 日上午

"悦读暖家行动"第十期（福建省直象峰幼儿园专场）启动仪式在福建省直象峰幼儿园园部 2 楼音体室隆重举行，儿童文学作家子鱼老师带来了讲座《打造儿童阅读环境》，现场作 30 天阅读指导，还给大家带来了精彩的故事讲演。福建省少年儿童图书馆馆长康新宇、福建省直象峰幼儿园园长陈秀兰出席并发言，象峰幼儿园老师及 130 多个家庭近 300 人参加了活动。

2018 年 5 月 5 日下午

在"名家讲坛"少儿阅读推广讲座《如何分级分主题做好亲子阅读》上，启正儿童阅读研究院院长张同庆，以分级阅读的理念给予听众实实在在的指导和建议。

2018年5月6日下午

在讲座《游牧阅读——写作素材这样来》上,"福州市金牌阅读推广人"陈秀娟,从课内外阅读的缝合、专题阅读、教育戏剧等多元素融合,打造儿童阅读综合体入手,与读者分享如何在"放养"阅读与"圈养"阅读之间走出一条不同的之路,促进孩子们阅读及写作能力的提升。

2018年5月5日上午、6日下午

在首期"故事爸妈培训"讲座上,儿童文学作家、诗人子鱼老师主讲《一个家不能没有故事——幼儿阅读念故事》,教家长们念绘本和口说身演的要领。

在讲座《做会讲故事孩子的好家长——生命因阅读而更有力量》上,知名少儿节目《晚安宝贝》主持人晓月,教大家重新认识故事,故事如何与生活深度链接,以及如何重新制订孩子讲故事的评价标准等,与大家一起享受倾听、表演、改编等立体故事时光。

2018年5月9日下午

"悦读暖家行动"第十一期(福建师范大学第二附属小学专场)启动仪式在福州教育学院附属第二小学举行。儿童文学作家子鱼老师带来讲座《打造儿童阅读环境》,进行"30天阅读养成计划"指导。

2018年5月12日下午

在"好书大家读"讲座《中英绘本之力》中,知名卫视主播张羽(小羽毛)、英国优秀英文导师Caine大牛,带领大家领悟中英绘本相结合的魅力。

2018年5月19日下午

在电影《一带一路·重走玄奘路》的点映礼上,《西游记》孙悟空扮演者、著名表演艺术家六小龄童给孩子们讲演《西游记》,引导大家阅读经典作品。

2018 年 5 月 19 日下午

在"名著点亮心灯"系列之细品《堂吉诃德》活动上,知名少儿节目《晚安宝贝》主持人晓月老师带领大家细品《堂吉诃德》,感受锲而不舍的精神背后的精彩。

2018 年 5 月 20 日上午

福建幼儿师范高等专科学校儿童阅读推广志愿者分享精彩故事,就亲子共读的方法、书目的选择和阅读理念等方面与家长们展开探讨。

2018 年 6 月 7 日晚

"悦读暖家行动"第十期(福建省直象峰幼儿园专场)结业分享会,在福建省直象峰幼儿园园部 2 楼音体室举行。儿童文学作家子鱼老师带来讲座《故事是孩子最重要的伴侣》,进行精彩的故事讲演,并从声音设定、角色扮演等角度分享"读、玩、说、找、演"的乐趣,鼓励家长们争当陪伴孩子成长的"故事大王"。现场还表彰了 18 个"悦读好家庭"。

第八章　活动记录之只言片语

望成爸爸：

　　爸爸带着宝贝去少儿图书馆，早上听子鱼老师的讲座，下午借绘本。第一次发现宝贝可以让爸爸走开，自己选书，自己坐在那里认真、安静地看书，中途一些叔叔过来拍照也没有受到影响，可能真被书的内容吸引了。

望成爸爸：

　　这几天和宝贝主要看这几本，绘本是园里发的，其他都是在福建省少儿图书馆借阅的。现在园里每周五都会给宝贝新的绘本带回家，下周四再带回园里，这样轮换着看，小宝贝可以在这一周的时间内多次看，而且每次基本上都能有新的问题或者新的发现。一般第一次就是认真听讲，第二次开始他就会让你注意开场白等像学校一样的表现形式，再接下来就可以和你对着来了。孩子喜欢这样的绘本阅读，已经成为自然习惯，真的如子鱼老师所说的，简单的事情重复做，重复的事情用心做，特别好。我非常感谢小二班谢老师她们对宝贝们的疼爱，还有象峰园里的领导们对孩子们的关心。漂流阅读绘本这么棒的想法，也考验每个小宝贝爱护图书的好习惯，所以宝贝提醒我："爸爸，省少儿图书馆借来的书不能乱画的，不然别的小朋友就不能好好看了。"他懂得爱护书是能被表扬的，破坏书是不好的，这个很重要。对我自己而言，和宝贝一起阅读，不仅增进了与孩子的亲密感，体会到了我们的爱，体会到了小时候没有的童趣，也从书里学习了很多哲理。这就是阅读的魅力，我会继续坚持。每天的悦读日记，串成我和宝贝在一起的点点滴滴，喜欢这样简短的随笔记录方式，至少是我们共同的美好成长记忆。谢谢，我今天算是写个这几天的心得吧！

林奇爸爸：

　　今天是参加"悦读暖家行动"的第 5 天，几天以来我试着让孩子看完书后，自己学着复述当天看的故事。因为孩子喜欢，今天是孩子第 5 次看这本绘本，他能很完整地讲述整个故事，还用上了很多自己的描述方法，加上了形容词、成语。我想，如果没有这场活动，我就不会坚持让孩子看书后讲故事，不会坚持做记录，也就看不到孩子的成长。衷心感谢"悦读暖家行动"，谢谢各位老师的辛勤付出。

子熙妈妈：

　　悦读暖家，伴我成长。对于绘本，孩子的理解和逻辑表达能力胜过家长，所以真心感觉自己和孩子一起成长了。面对孩子，我们不仅需要有心，还要用心，更要专心。谢谢子鱼老师今天的精彩演讲，也感谢象峰园各位可爱的老师们能这么爱我们的宝宝。每天的阅读，我们会努力用心坚持，因为那是我们对宝贝共同的爱。今天的阅读指导手册还得好好消化，希望能向大家多学习。

悠然妈妈：

孩子，今天，我和你一起参加了幼儿园和省少儿图书馆合办的"悦读暖家行动"启动讲座。

子鱼老师太会讲故事了，给大人的内容讲十来分钟，马上穿插一个给小朋友的故事，绘声绘色。这样的讲座，能让小朋友也坐上一个多小时，实属不易。他讲的几个故事抓住了幼儿的兴趣：类似的情节，搞笑幽默，身边熟知的事物。很佩服子鱼老师讲故事的能力，这个活动是第一次走进幼儿园，看来他还真是针对我们准备的。

活动倡导每天阅读 30 分钟。对于每天不看书、不讲故事就不肯睡觉的你来说，这早已是生活习惯。但我还是非常喜欢幼儿园近期的阅读系列活动，活动后参观了幼儿园布置的各处读书区域，温馨舒适的读书角随处可见。我很欣喜，为你在这所幼儿园上学而骄傲。阅读需要氛围，氛围促进阅读。当书籍越来越丰富地呈现在你的世界里时，你对书会越来越觉得自然，情感也会越来越深刻。

突然想起吴师兄开的书店"四当斋"名字的出处。宋代诗人尤袤称，书籍"饥读之以当肉；寒读之以当裘；孤寂而读之，以当友朋；幽忧而读之，以当金石琴瑟"。近代藏书家章钰也将藏书室命名为"四当斋"。

妈妈重视你的阅读，也希望书籍伴你一生，使你不孤独、不忧郁，无论何时，自有一片天地。

望成爸爸：

@中二班王悠然妈妈，真棒！用心的好妈妈！让孩子真心爱上阅读，享受阅读的真正乐趣，是我们每个爸爸妈妈都要努力做到做好的。我相信象峰园的宝贝们，还有爸爸妈妈们一定会认真参与这次"悦读暖家行动"的。简单的事情重复做，重复的事情用心做，大家一起加油！晚安！

第九章　整本书阅读设计示例

"推理"让旅行更丰富
——《阿凡提的机智旅行》整本书阅读设计

作者：子鱼

绘者：达姆

出版社：福建少年儿童出版社

内容简介

阿凡提在旅行过程中，解决了有钱人的烦恼，解决了国王面临的政治危机，为贫穷的村子带来了商机……事实告诉我们，任何事物的发展都有其内在的规律，只有洞察全过程才能拥有智慧，才能丰富我们的人生。

《阿凡提的机智旅行》书影

阅读目的

1.《阿凡提的机智旅行》讲述的是运用智慧解决问题的故事，其最大的特点不仅在于运用智慧解决问题，而在于阿凡提在故事中提供的思考方式和思考路径、方向。读者在阅读过程中，尤其要注意"智慧"是怎么产生的，对策是怎么"思考"出来的，问题是怎么得到解决的。

2.《阿凡提的机智旅行》里多为单独成篇的故事，但是全书有一条主线将它们串联起来，那就是"智慧"。读者在阅读过程中，要注意掌握故事发展的脉络，学会预测故事的发展趋势，形成属于自己的"智慧"。

第一部分　阅读前：导读

一、通过封面猜一猜

1. 书名

通过书名，我们可以简单地预测：本书主要讲述的应该是阿凡提在旅行途中机智地解决问题的故事。阿凡提是新疆民间故事中的智者形象，因此，这本书肯定离不开"智慧"二字。

2. 封面插图

《阿凡提的机智旅行》的封面插图描述的是：阿凡提戴着大缠头，骑着骆驼去旅行。画面上有一个怒发冲冠的人，象征阿凡提旅行途中将会遇上不少麻烦；阿凡提的搞怪眼神，表明他正在想办法……

二、相关知识搜一搜

1. 认识阿凡提

大家都听说过阿凡提，他是新疆民间故事的代表人物。历史上真有阿凡提这个人吗？

阿凡提，一个真实存在的历史人物，本名叫纳斯尔丁·阿凡提，

1028 年前后出生于今土耳其西南部一个叫霍尔托村的地方。阿凡提的形象一直是留着长胡须，戴着大缠头，骑着小毛驴。其实，关于阿凡提的传说有许多不同的版本，其中流传最广的要数他与巴伊老爷斗智的故事。阿凡提的故事传入中国之后，增加了新疆民族特色，于是又成了新疆民间故事。如今，流传于新疆的故事、传说、笑话、寓言等，只要与斗智有关，主人公多为"阿凡提"。

2. 认识拼贴画

请注意《阿凡提的机智旅行》的插画，绘者达姆采用拼贴的方式，塑造出了阿凡提的形象，一反常见的卡通形象。

什么是拼贴画？

拼贴画又称剪贴画，多指以色纸、布、报纸等为材料，适当裁剪后黏连拼贴而成的作品，一般还会混搭其他颜料。达姆拼贴的"阿凡提"，可以说再造了一个"阿凡提"的新形象。

三、本书作者见一见

本书作者子鱼，以文字的形式再造了"阿凡提"的新形象，一反"阿凡提"与巴伊老爷斗智的样子。子鱼笔下的"阿凡提"俨然一个智者、老师、国策顾问，子鱼以幽默的方式呈现了"阿凡提"的智慧。

子鱼，儿童文学作家，阅读推广人，祖籍山东，生于台湾台南。一位爱写故事，爱讲故事的人。一位爱小孩，帅气、风趣，爱运动，像邻家大哥哥的作家。

有人问子鱼为什么要从事儿童文学创作。他说，1999 年 9 月 21 日台湾发生大地震，当时他去救灾，到临时停尸间搬运尸体，看见了一个死去的小女孩，心里很难受。于是，他许下了一个愿望——做一件让世界变得更美好的事情，也就是要为全世界的小朋友服务。怎么服务呢？——当一名儿童文学作家，为孩子写故事、讲故事。如今，他的这个愿望正在实践中。

本书绘者达姆，曾留学法国 4 年，现以绘制插画为主要工作。

四、本书亮点说一说

阿凡提的机智，造就了他充满传奇色彩的一生。本书里的故事就发生在阿凡提的旅途中，他遇上了什么事情？他为马奇夫人解决问题，为国王化解危机，为村子带来商机……《阿凡提的机智旅行》虽说讲的还是阿凡提的故事，但已跳出了传统阿凡提的形象。我们在阅读过程中，一定要认真看一看、找一找、想一想，书里的"阿凡提"与我们之前看过的"阿凡提"有什么不一样。

五、故事脉络梳一梳

在阅读本书之前，请先梳理一下目录，并为各个章节写一句导语。

《阿凡提的机智旅行》各章节名与对应的导语如下表：

目录	章节名	导　　语
1	月光	马奇夫人在绿洲丢失了绿宝石戒指，请阿凡提帮忙找回，阿凡提却邀她在月光下散步。这是怎么回事？
2	亚得亲王	亚得亲王想让阿凡提出糗，于是在公开宴会上要他拉胡琴，阿凡提"以其人之道还治其人之身"，他是怎么做的？
3	银币	油商瓦利的一袋银币被偷了，他确定小偷就是刚刚跟自己一起在帐篷里喝茶的几个茶商中的一人。阿凡提是如何帮他找出小偷的？

4	快乐	富有的马奇夫人不快乐,阿凡提的做法是让马奇夫人为又脏又臭的小女孩洗脚。这样真的能找到快乐吗?
5	花园	马奇夫人为死去的丈夫盖了一座纪念花园,却屡屡被人闯入,甚至还频频出现毒蛇。阿凡提是如何为她解决问题的?
6	辞职	马奇夫人就要失去一位真正懂得经营的人才了,她请阿凡提帮她挽留这个人才。阿凡提用了什么方法?
7	财政大臣	国王需要一位财政大臣,于是请教阿凡提如何寻找人才,阿凡提先引导国王思考,然后才说出自己心目中的人选。
8	瓦苏城	地震后的瓦苏城成了一片废墟,阿凡提是如何运用小小的鹅卵石,引导国王重新振兴瓦苏城的?
9	酥饼	面对一块好吃的酥饼,阿凡提讲了个什么故事,使得国王重新思考振兴国家经济的策略?
10	细节	阿凡提是如何帮外交大臣找到一名可堪重用的礼宾司长的?
11	谣言	亚得亲王散布谣言,说阿凡提要造反,为此,国王亲自找到了阿凡提。阿凡提是如何让国王打消顾虑的?
12	哈密瓜	贫穷的哈里村,只能种出难吃的哈密瓜。阿凡提是如何帮助村长拉吉让哈里村富裕起来的?
13	谦虚	旅行归来的阿凡提,默默地坐在院子里喝茶,但他在外旅行的故事仍让人们津津乐道。这时,他是怎么教导自己的学生的?

14	生病	故事就是最好的教育素材。阿凡提给学生讲授养生之道时，说到了神医诺丹的故事，这个故事留给人们什么启示？

《阿凡提的机智旅行》各章节的导语概括了故事要点，接下来就需要小读者认真阅读文本，认真领会故事的真谛了。

六、阅读前测玩一玩

1.《阿凡提的机智旅行》是属于什么类型的故事？（　　）

A. 神话故事　　　　　B. 童话故事　　　　　C. 民间故事

2. "阿凡提"一词除了指"阿凡提"本人之外，还有什么含义？

（　　）

A. 老师　　　　　　　B. 商人　　　　　　　C. 工人

3. 通过分析书名，你认为《阿凡提的机智旅行》一书讲的是个什么样的故事？（　　）

A. 阿凡提旅行途中发生的机智故事

B. 阿凡提与巴伊老爷斗智的故事

C.阿凡提指导学生学习文化知识的故事

4.《阿凡提的机智旅行》一书的绘者达姆是用什么绘画技法创造了"阿凡提"的新形象的？（　　）

A.点染　　　　　　　B.素描　　　　　　　C.拼贴

参考答案：1—4 CAAC

第二部分　阅读中：领读

一、文本理一理

读完《阿凡提的机智旅行》之后，你是否感受到了阿凡提超群的智慧？是否领会到了故事中不可思议的情节背后的意味？阿凡提的智慧，主要体现在推理、引导与思考过程中。接下来，让我们一起来认真剖析故事里的"智慧"吧！

循循善诱，启发智慧

遇到问题怎么办？阿凡提不是直接告诉受助者该怎么做，而是先抛出自己的想法，然后运用问答方式，一步一步地引导受助者思考，最后让受助者在思考中获得启发，进而解决问题。

例如，在《瓦苏城》中，阿凡提随手从地上捡起一颗鹅卵石递给国王，说："这颗石头可以让瓦苏城恢复从前的样子。"

一颗鹅卵石就能将毁于地震中的城市恢复原

来的模样？国王一头雾水。阿凡提循循善诱，引导国王思考。

涂上石蜡的石头，只能卖 100 元；写上祝福语，装在盒子里，就能卖 5000 元；若是上面有国王的亲笔签名，那就值 50 万元……普通的鹅卵石如果附加内容，就不再普通。阿凡提想让国王明白如何运用智慧创造价值。

又如，在《哈密瓜》中，哈里村只能种出难吃的哈密瓜，这里毗邻沙漠，生活条件极其艰苦。但在阿凡提看来，哈里村处处充满商机，潜力无穷。村长拉吉对阿凡提的想法表示怀疑，于是，阿凡提引导拉吉思考如何将所谓的"不利"变成"有利"。

阿凡提的循循善诱，启发了拉吉的智慧。有了"改变"，就有了商机。哈密瓜虽然不甜，但可以做成饼干、蜜饯、果酱、糖果、肥皂、精油……哈里村不再贫穷，拉吉甚至还想办一个"哈密瓜文化节"。

逆向思考，解决问题

"逆向思考"就是不按正常的脉络去思考，因为有时候违背常理思考，更有助于开发新思路。在为马奇夫人解决问题的过程中，阿凡提就运用了这种思考方式。

例如，在《快乐》中，马奇夫人在书信里炫富之后，却感觉不到快乐。阿凡提知道，马奇夫人不缺钱，缺的是善与爱。在阿凡提看来，只有给人善与爱，才能得到善与爱，这就是"快乐"的真谛。

阿凡提想让马奇夫人为小女孩洗脚，可是尊贵的马奇夫人怎么可能为又脏又臭的小女孩洗脚，还要为她穿上鞋袜呢？

放下架子，即便是勉为其难，也能从中体会到善与爱。

"请问您是神吗？不然我的愿望您怎么听得见？"小女孩的这句话，带给了马奇夫人真正的快乐。

又如，在《花园》中，马奇夫人建造了一座花园来纪念她的丈夫，可是这座私人花园常常有外人闯入，防不胜防。管家出了个主意，谎称花园里有蛇，外人是不敢进来了，没想到的是蛇真的来了，不久花园就荒废了。

阿凡提引导马奇夫人逆向思考，将花园对外开放，欢迎更多的人前来休闲娱乐，欢迎更多的人到此缅怀马奇先生。马奇夫人采纳了阿凡提的建议，花园重新打理开放之后，越来越多的游客来了，花园重新焕发出了生机。

掌握线索，合理推理

什么是智慧？合理的推理就是智慧的表现。推理之前，必须掌握线索、细节，然后做有效的联想，"大胆假设，小心求证"。在《阿凡提的机智旅行》中，阿凡提表现得非常出色。

例如，在《月光》中，马奇夫人在绿洲丢失了一枚绿宝石戒指，她非常着急，因为那是一枚具有纪念意义的戒指。马奇夫人找到了阿凡提，希望他能帮自己找回那枚戒指。阿凡提先了解情况，然后认真观察一番，最后要求马奇夫人与他一起到月下散步。

确认戒指遗失的大致位置，就有了基本线索。明亮的月光能让宝石发出绿光，这是合理的推理，因此找回绿宝石戒指就不难了。

又如《银币》，故事讲的是：油商瓦利的一袋银币被偷了，他求阿凡提帮他找回来。瓦利是油商，他的钱袋上必有油渍，这是重要的线索。阿凡提通过人性的弱点，大胆假设，合理推理，当水面浮现油渍时，小偷也就"浮出水面"了。

机警斗智，化解危机

精彩的斗智，一直是"阿凡提故事"里不可缺少的情节。你来我往，见招拆招，在斗智的过程中，给心怀不轨的人以惩罚。在故事中，亚得亲王是反面角色之一，仗势欺人、蛮横无理、骄傲……阿凡提用自己的智慧"教训"了他，读来大快人心。

例如，在《亚得亲王》中，亚得亲王故意在宴会上要求阿凡提拉胡琴，想借此机会羞辱阿凡提。阿凡提"以其人之道还治其人之身"，要求做过裁缝的亚得亲王现场做礼服。亚得亲王非但没有占到便宜，反而自讨没趣。

又如，在《谣言》中，亚得亲王造谣，说"阿凡提要造反"。造反可是大罪啊。幸运的是"谣言止于智者"，国王决定亲自调查一番。机智的阿凡提洞悉了国王的动机，于是表现得简朴、忠诚，最后得到了国王的信任，顺利化解了危机。

综上所述，《阿凡提的机智旅行》告诉我们，获得"智慧"的方法有 4 种：**循循善诱，启发智慧；逆向思考，解决问题；掌握线索，合理推理；机警斗智，化解危机。**

二、情节剖一剖

《阿凡提的机智旅行》一书各章节的人物、故事要点和主旨如下表：

主要角色	重要角色	章节名	故事要点	主旨
阿凡提	马奇夫人	月光	寻找绿宝石	推理
		快乐	为女孩洗脚	爱心
		花园	开放纪念花园	胸襟
		辞职	留住真正的人才	放低姿态
	国王	瓦苏城	鹅卵石与商机	创意
		酥饼	只卖酥饼	专注
		财政大臣	绩效肯定人才	识人
		谣言	用智慧和行动澄清谣言	智慧
	亚得亲王	亚得亲王	现场拉胡琴事件	不畏权势
	瓦利	银币	逮住偷银币的小偷	观察，推理
	拉吉	哈密瓜	创造哈密瓜商机	创意
	学生们	谦虚	回到绿风镇	低调
	墨西提	细节	如何接待巴里王子	注重细节
	诺丹	生病	健康作息胜过千草甘	养生

三、读完想一想

1. 在《瓦苏城》中，国王为募款重建因地震被毁的瓦苏城而伤透了脑筋。请问阿凡提是如何用一颗鹅卵石引导国王自主思考，让鹅卵石发挥最大的经济效益的？请将鹅卵石的特点及对应的价格填入下面的方框中。

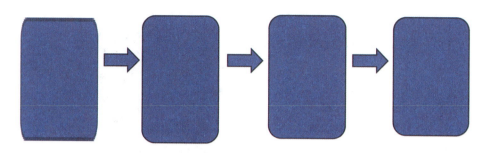

2. 在《生病》中，老医生诺丹要阿凡提观察他一天的作息安排。请你用思维导图画出诺丹的作息时间表。

第三部分　阅读后：思辨

一、话题想一想

在《财政大臣》中，阿凡提给国王讲了一个故事：有一个国王要出远门，临行前给了3个仆人一人10万元。一年后，第一个仆人赚了50万元；第二个仆人赔了2万元；第三个仆人很保守，手上的钱仍然是10万元。阿凡提说，如果国王有60万元，应该奖励第一位仆人50万元；第二位仆人虽然赔了一些钱，但也应该奖励他10万元；第三位仆人不仅没有奖励,还要收回他的 10 万元。这是为什么?

有一种很有趣的现象叫"马太效应",简单地说,就是"好的更好,差的更差"。

凡事都要"力争上游"。一般来说,多做就会多得;如果什么都不做,有可能手上仅有的一点儿也会被夺走。社会上有一种真实的现象:有钱的人越来越有钱,没钱的人越来越没钱,这可以说是一种良性循环,也可以说是一种恶性循环,关键看我们怎么做,怎么对待。

这种现象可以被打破吗?当然可以,这就要求我们"力争上游",努力去做,当我们越过一个"门槛"时,就有可能取得突破,进入"马太效应"的良性循环。在《财政大臣》中,阿凡提就告诉国王,选择人才一定要找肯干活的人,这样才能创造最大的效益。

关于这个现象,不同的人有不同的想法。你有什么看法?请写在下面的横线上。

_____

_____

_____

_____

_____

_____

二、读写做一做

读完《阿凡提的机智旅行》，你是否领悟到了一些写作的方法或技巧呢？

在《瓦苏城》中，一颗小小的不起眼的鹅卵石，竟然可以拯救一座城市。假设你就是阿凡提，一位智者、国王的国策顾问，皇宫刚刚装修完毕，剩下一堆废弃的木料，现在，请你开动脑筋，寻找这堆废弃木料的商机，拯救瓦苏城。你会怎么做呢？请写在下面的横线上。

_____

_____

_____

_____

_____

_____

_____

_____

三、读绘画一画

在《月光》中，马奇夫人非常着急，因为她弄丢了一枚具有纪念意义的绿宝石戒指。马奇夫人找到了阿凡提，希望他能帮助自己找回绿宝石戒指。可是，戒指一旦遗落在草地上，就很难找回来了。月亮升起来了，阿凡提看见了明亮的月光，忽然灵机一动，心中有了点子。现在，请你将阿凡提寻找绿宝石戒指的过程，用四格漫画的形式画出来。（注意：阿拉伯男人出门时头戴大缠帽，女人则蒙上面纱。）

01	02
03	04

四、读话想一想

子鱼笔下的"阿凡提",与传统民间故事里的"阿凡提"有什么不一样？请完成下表。（表格仅供参考，如有其他发现，请补充在表格下面的空白处。）

人物	形象	年龄	主要互动对象	性格特征和品质特征
子鱼笔下的"阿凡提"				
传统民间故事里的"阿凡提"				

神机妙算数学童话国

——《奇妙的数王国》整本书阅读设计

作者：李毓佩

出版社：中国少年儿童出版社

《奇妙的数王国》书影

内容简介

这是一本"数学之书"，巧妙地运用讲故事的方式向小读者介绍"数"与数学关系。小强、小华兄弟俩莫名其妙地卷入了一场数王国的战争，在此过程中，小强和小华用他们那厉害的数学头脑，协助0国王"摆平"了数王国里的纷争。

阅读目的

书中涉及"推理"，即运用数学知识进行有效推理，借此激发读者学习数学的兴趣。读者在阅读过程中，要特别关注数学逻辑思维，体验数学冒险，形成属于自己的对数学的认识，达到学习数学知识的目的。

第一部分　阅读前：导读

一、通过封面猜一猜

通过主书名和副书名，我们可以简单地预测：本书的内容一定跟数字、数学有关，阅读本书可以了解数字与数学之间的关系。通过讲故事的方式，介绍数字和数学，拟人化的情节让数字"活"了过来。数字、数学的意义与功能，是本书的亮点。

二、相关知识搜一搜

《奇妙的数王国》提到了数字在数学中的妙用。那么，"数学"是什么呢？

"数学"一词来自希腊语，指的是包括数量、结构、变化、空间以及信息等概念在内的一门学科，是"科学"的重要组成部分，因为科学的发展离不开数学学科的进步。

在人类发展的历史进程中，数学发挥了极大的作用。我们的日常生活与数学息息相关。比如，现在几点了。通过观察时钟识别时间，就是运用数学知识的过程。同时，数学也是学习和研究现代科学技术不可或缺的基础性学科。

数学学科包括哪些分支呢？请看下表：

序号	分支名称	序号	分支名称
1	数学史	9	积分方程
2	数理逻辑与数学基础	10	泛函分析
3	数论	11	计算数学
4	代数学	12	概率论
5	代数几何学	13	数理统计学
6	几何学	14	应用统计数学
7	拓扑学	15	应用统计数学其他学科
8	数学分析	16	运筹学

17	非标准分析	22	组合数学
18	函数论	23	模糊数学
19	常微分方程	24	量子数学
20	偏微分方程	25	应用数学
21	动力系统	26	数学的其他学科

三、本书作者见一见

《奇妙的数王国》的作者李毓佩是一位科普作家，他是山东省黄县（今山东省龙口市）人，1978年起历任首都师范大学数学系讲师、副教授、教授，1981年加入中国科普作家协会。李毓佩于1977年开始从事数学科普作品创作，擅长借助儿童喜欢的童话故事来讲解数学知识。李毓佩的作品独树一帜，特色鲜明，深受少年儿童喜爱。主要作品有《奇妙的曲线》《圆面积之谜》《数学司令》《李毓佩数学学习故事》等。

四、本书亮点说一说

一起看看下面这道题：

2司令从地上捡起了9颗石头，一只手握着偶数颗石头，另一只手握着奇数颗石头。你能说出他哪只手握着偶数颗石头，哪只手握着奇数颗石头吗？这个问题可难倒了1司令。

故事里的主人公小强很有数学头脑，很快就说出了答案。小强绝对不是靠瞎猜的，而是通过科学推理，认真演算，才得出答案的。这其中有什么秘诀吗？关于这些，请听《奇妙的数王国》慢慢道来！

五、本书章节梳一梳

《奇妙的数王国》共分为 10 个章节。我们可以精读第 1 章，后续的 9 章作为延伸阅读。

目录	篇名	导语
1	一场莫名其妙的战争	主人公小强、小华来到数王国，遇到了 0 国王，数王国正面临一场莫名其妙的战争，这是怎么回事？
2	你中有我，我中有你	什么是相亲数？
3	总出难题的 2 司令	2 司令说："我们每个数身上都有 4 把运算钩子。""运算钩子"是什么？是加减乘除吗？
4	谁是最傻的数	谁是最傻的数？你知道哪些与数字或数学有关的成语呢？
5	古今分数之争	现存于大英博物馆的古埃及纸草书中记载了古埃及分数。什么是古埃及分数？
6	古埃及分数的绝招	你知道什么是"完全数"吗？偷偷告诉你，6 是最小的完全数。还有哪些数字是完全数？
7	以老治老	古巴比伦的数、古埃及的数、古罗马的数、中美洲玛雅人的数、古中国的数……它们各有什么奥秘呢？
8	乌龟壳上的奥秘	乌龟壳上有很多圈圈和黑点，它们的排列是有规律的，这些代表什么？

9	神秘的蒙面数	有一个蒙面数，能被 2 除尽，也能被 4 除尽，个头比 10 矮。它到底是谁呢？
10	大战佐罗数	一个佐罗打扮的怪数，一旦碰上它，任何数就都没了。它到底是谁呢？
11	0 国王苦斗跳蚤	0 国王遇上了跳蚤，双方大战一百回合。最后，0 国王是如何制服跳蚤的？这跳蚤又是谁？
12	速算专家数 8	数 8 是如何快速算出算术题的？
13	追杀小数点	数 8 追杀小数点，忽然来了个 67，小数点跳了进去……
14	两个国王斗法	$\frac{1}{10}$ 国王抽出佩剑，直奔小数点杀来，0.1 国王抽出指挥刀挡住，并拿出等号变换器，结果……
15	大地震之后	小数城发生大地震，0 国王担心……
16	长着尾巴的怪东西	长着尾巴的怪东西最擅长变化，数要是和它在一起，也会跟着变化，这是怎么回事？
17	撩开特殊人物的面纱	怪东西终于揭开了面纱，它是谁？
18	假分数叛乱	$\frac{1}{10}$ 国王听说假分数发动叛乱，吓呆了。假分数为什么要发动叛乱？它说，凭什么你们是真分数，我们就是假分数？

19	侦破盗宝案	0国王的宝物遭窃,小华和小强扮演侦探,想要找出小偷,他们找到线索了吗?
20	兄弟大战野牛山	四边形家族四兄弟协助0国王大战公牛,为的是取回金印,后来怎么样了?
21	三角形显神威	三角形家族三兄弟受邀协助0国王大战公牛,结果只来了一个直角三角形……
22	狮虎纵队战老鹰	数13遭遇了食数鹰,以为自己要被吃掉,没想到食数鹰竟然……
23	仙鹤王子助战	食数鹰抓着小华飞上了高空,就在这时,仙鹤王子前来相救……
24	0国王智斗怪兽	食数怪兽什么数都吃?不!1司令发现它有些数是不吃的。掌握了这个规律,就可以制服这只怪兽了。
25	孙悟空遇到的难题	阿基利斯叹气道:"我是世界上跑得最快的勇士,却硬是追不上爬得最慢的乌龟。0国王,帮我想想办法!"
26	重建小数城	地震将小数城夷为了平地,重建家园时,屋顶应该做成什么形状最好?
27	滚来个大圆	0.1国王要重修小数城的城墙,到底要修成长方形还是三角形呢?怎样才能最省材料呢?

28	烦恼与欢乐	电子计算机只需要0与1两个数，其他的数是不是就没用了？0国王却说数是不会被淘汰的。

六、阅读前测玩一玩

1.《奇妙的数王国》是一本讲述什么知识的科普图书？（　　　）

A. 数学　　　　　　　B. 生物　　　　　　　C. 自然

2.《奇妙的数王国》的作者是李毓佩，下列哪项与他无关？（　　　）

A. 科普作家　　　　　B. 大学教授　　　　　C. 还写过《城南旧事》

3. 下列哪项与数学无关？（　　　）

A. 到面包店付钱买面包

B. 调闹钟6点起床

C. 语文作业中的造句

参考答案：1—3 ACC

第二部分　阅读中：领读

一、文本理一理

阅读《奇妙的数王国》，我们既能感受到冒险故事的刺激，又能学到许多数学知识。本书以童话的形式谈数学，用孩子们喜闻乐见的形式，阐释数与数之间的关系，分析加减乘除四则运算，分析小数与分数的用处，带领我们认识几何的功能，等等。

偶数奇数

0国王的王国发生了战争，男人数要与女人数展开战斗。什么是男人数？什么是女人数？即偶数与奇数。其实，它们之间是不应该发生战争的，而应相亲相爱。原因很简单，任何奇数＋1就变成了偶数，任何偶数＋1就变成了奇数。

四则运算

每个数都有四把钩子，钩到哪个数，就要与哪个数进行运算。四则运算包括加法、减法、乘法和除法。数王国里的数可厉害了，它们随身带着四则运算钩子，看到数就钩一钩，然后开始运算。数4身上带着加法钩子，看见数2就钩一下，一阵白烟过后，它就变成了数6。用式子表示，就是 $4＋2＝6$。除此之外，还有 $4－2＝2$；$2×3＝6$；$6÷3＝2$；……这就是四则运算的妙用。

发现0与1

任何数与1相乘，结果不增不减，还是原来的数，这就是1司令的厉害之处。例如，$12×1＝12$，$13456×1＝13456$。

0就更有趣了。任何数与0相乘，结果则全部归零。例如，$134×0＝0$，$21×0＝0$。

在《佐罗数》中，神秘的佐罗数碰到数4与数6时，一阵白烟过后，数4与数6都不见了。你知道佐罗数是谁吗？

小数点

小数点与0国王的关系可密切了。小数点能把一个数变大，也能把一个数变小，要是与0国王联手，那就更厉害了。55是一个数，遇上小数点就变成了5.5，也就成了原来的十分之一；如果与0国王联手，就变成了0.55、0.055、0.0055……那就越来越小了。

无限循环

数 8 要追杀小数点，小数点准备筑起一座长城作为防御工事，但必须与数字结合才行。67 前来帮忙，于是小数点与 67 合作，形成了 0.67676767……在这种无限循环的帮助下，小数点最终挡住了数 8 的追杀。

因为除不尽，有可能出现"无限循环"的情况，如 $10 \div 3 = 3.33333$……

真分数与假分数

$\frac{3}{2}$ 不服气地指着 $\frac{2}{3}$ 说："凭什么你们叫真分数，我们却叫假分数？"

$\frac{5}{3}$ 也叫道："是啊！我们哪里假了？"

$\frac{2}{3}$ 与 $\frac{3}{2}$ 互为倒数。

真分数与假分数有何不同？

数字一旦与数学挂上钩，这世界就变得奇妙且丰富多彩起来。我们的日常生活，也是与数字、数学分不开的。

二、情节剖一剖

《奇妙的数王国》中有这么一则故事：0 国王的三件宝物被盗走了——狮毛千里马、宝刀和金印，小强和小华运用数学推算，为 0 国王找到了窃贼。

抓到偷马贼

数 7 在巡逻过程中听见背后有动静，它刚一回头，就被一个黑影用加法钩子钩住了。于是，数 7 失去了知觉。数 17 负责给马喂草料，因为肚子疼离开了一会儿，回来时发现狮毛千里马被偷走了。窃贼是谁呢？

小强是这么推理的：数 17 不在马厩，偷马贼得伪装成数 17 才能得手，这时数 7 出现了，偷马贼用加法钩子钩住数 7，把自己变成了数 17。好了！偷马贼水落石出了。小强列出了下列数学式子：

$$偷马贼 + 7 = 17$$

$$偷马贼 = 17 - 7$$

$$偷马贼 = 10$$

所以，偷马贼就是数 10。

抓到盗刀贼

情况一：数 4 负责看守宝刀，钟刚敲响 12 下，忽然一个戴眼罩的人用乘法钩子钩住了它，数 4 随即失去了知觉。

情况二：数 12 在钟敲响 12 下之后，感觉非常困，于是打了个盹，忽然听到声响，它发现原来是一个戴着眼罩的人腰上挂着一个戴眼罩的数。就在数 12 想去追赶时，一个减法钩子钩住了它……

小强的推理是：本来应该由数 40 看守宝刀的，可是因为身体不舒服，它去看病了。盗刀贼冒充数 40 偷走了宝刀。遇见数 4 时，盗刀贼用了乘法钩子；遇见数 12 时，盗刀贼用了减法钩子。据此，可以得出下列数学式子：

$$4 \times 盗刀贼 - 12 = 40$$

$$4 \times 盗刀贼 = 40 + 12$$

$$4 \times 盗刀贼 = 52$$

$$盗刀贼 = 52 \div 4$$

$$盗刀贼 = 13$$

所以，盗刀贼就是数 13。

找回金印

0 国王的金印被数 23 藏在了野牛山，0 国王一听就差点儿晕过去，因为要想取回金印，就必须挡住野牛的攻击，可是谁能做得到呢？小强建议找四边形家族来抵抗野牛，取回金印。

四边形家族的四兄弟，分别为长方形、菱形、平行四边形和梯形。

战斗刚开始一会儿，四边形家族的四兄弟就散架的散架，逃走的逃走，溃不成军，0 国王看得直叹气。小强告诉 0 国王，再去找三角形家族的三兄弟来试试。

三角形家族的三兄弟，分别为锐角三角形、钝角三角形和直角三角形。

野牛又出来了，直角三角形上前应战，很轻松地挡住了野牛的攻击，取回了金印。为什么三角形能挡住野牛的冲撞？

原来，三角形的边长确定后，内角也就确定了，不再改变了。简单说，三角形的形状一旦确定之后，就不会再改变了，它们不像四边形，受到冲击之后可能会变成菱形或平行四边形，甚至直接散架。

三、思考引一引

数字与语文息息相关。我们都学过成语，都知道与数字有关的成语非常有意思。现在，我们来进行数字成语大收集，可以自己单独做，也可以大伙儿共同完成。

含 1 到 10 的成语

_____

_____

含偶数的成语

_____

_____

含奇数的成语

含 1 的成语

第三部分 阅读后：思辨

一、推理想一想

运用数学的规律性进行推理的过程，就是逻辑思考的过程。数学是推理工具之一，但要求我们必须具备强大的数学逻辑头脑。读完本书之后，最好能主动思考，并发现数学的内在逻辑。

"逻辑"的意思是"事情发展的规律性"，如果事情的发展出了问题，甚至被中断了，我们就得依靠规律找出问题，这个过程就是"逻辑推理"的过程。认识数学并喜欢数学，就能在逻辑推理中体会到数学的乐趣。

例如，在《0 国王智斗怪兽》中，数 5、数 24 和数 44 前去调查食数怪兽，结果数 24 和数 44 被怪兽吃掉了，只有数 5 逃了回来。得到消息后，2 司令率兵攻打食数怪兽，0 国王却陷入了沉思：为什么食数怪兽只吃数 24 和数 44，而不吃数 5？

0 国王百思不解，这次它挑了数 6、数 14、数 35 和数 100 前去，想看看会有什么结果。0 国王为什么要这么做？其实，0 国王就是想找出其中的规律，只有找出了规律，才能真正解决问题。

结果，一场大战之后，数 100 被食数怪兽吞了，而数 6、数 14 和数

35 却相安无事。你知道这是为什么吗？是不是样本多一点儿，就更容易找出规律呢？

小强建议 0 国王派数 60 前去。食数怪兽一见到数 60，就张开大嘴要吃掉它。数 60 连忙把自己拆成数 2 和数 30（60＝2×30）。怪兽一看到数 2 和数 30，就把嘴巴闭上了。这是怎么回事？

这时，数 60 又变成了数 5 和数 12，怪兽连看都不看数 5 一眼，却对数 12 穷追不舍，非把它吞进自己肚子里不可。这又是为什么？

我们来推理一下：

$$5 = 1 \times 5 \qquad \text{结果：食数怪兽不吃}$$

$$24 = 4 \times 6 \qquad \text{结果：食数怪兽吃}$$

$$44 = 4 \times 11 \qquad \text{结果：食数怪兽吃}$$

$$6 = 2 \times 3 \qquad \text{结果：食数怪兽不吃}$$

$$14 = 2 \times 7 \qquad \text{结果：食数怪兽不吃}$$

$$35 = 5 \times 7 \qquad \text{结果：食数怪兽不吃}$$

$$100 = 4 \times 25 \qquad \text{结果：食数怪兽吃}$$

$$60 = 4 \times 15 \qquad \text{结果：食数怪兽吃}$$

$$2 = 1 \times 2 \qquad \text{结果：食数怪兽不吃}$$

$$30 = 5 \times 6 \qquad \text{结果：食数怪兽不吃}$$

$$5 = 1 \times 5 \qquad \text{结果：食数怪兽不吃}$$

$$12 = 4 \times 3 \qquad \text{结果：食数怪兽吃}$$

你发现规律了吗？

只要含有因子 4 的数字，食数怪兽都要把它吃掉。好了！现在我们知道食数怪兽的弱点了——只要是不含因子 4 的数字，就没有危险。

最好的消灭食数怪兽的方法，就是饿死它。怎么饿死它呢？数 24、数 44 和数 100 已经在食数怪兽的肚子里了，恐怕一时半会儿除不掉它。

0国王冲了出来，扒开食数怪兽的嘴，钻进了它的肚子里。0国王的这一举动，可把数王国的士兵们吓坏了。0国王怎么这么冲动？你知道0国王为什么要这么做吗？原来，0与任何数相乘其结果都是0。

$$0 \times 24 = 0$$
$$0 \times 44 = 0$$
$$0 \times 100 = 0$$

食数怪兽肚子里的数都变成0之后，它就得饿死了。

二、读写做一做

运用掌握的数学知识编故事，这是科普作家李毓佩最擅长的。其实，你也能做到。

很多成语都跟"数"有关。现有两个成语：一马当先、三心二意，请你用这两个成语写一篇200字的微童话。

_____

_____

_____

_____

_____

_____

_____

_____

_____

_____

三、读绘画一画

有人说，这个世界是一个数字的世界。是这样的吗？

这是一座美丽的花园，小华来到花园后可惊喜了，他发现了 1 座亭子、2 棵大树、3 朵向日葵、4 张椅子、5 朵玫瑰、6 只蜜蜂、7 只蝴蝶、8 片落叶、9 朵茉莉花和 10 棵小草……

请你在下面的方框里画出这座美丽的花园。记得上色噢！

四、读话想一想

在《奇妙的数王国》中，0 是国王，1 和 2 都只是个司令。就数值而言，2 比 1 大，1 比 0 大，但在故事中，0 却是最大的国王。请你说一说这是为什么。

"童诗"正飞翔

——《打开诗的翅膀》整本书阅读设计

编选：海峡两岸儿童文学研究会

作者：詹冰、林良、林焕彰等

绘者：郑明进等

出版社：中国民族摄影艺术出版社

《打开诗的翅膀》书影

内容简介

《打开诗的翅膀》收录了詹冰、林良、林焕彰等 10 位儿童诗诗人的《插秧》《游戏》等 20 首诗，由郑明进、赵国宗等 10 位插画家精心绘制插图。10 位儿童诗诗人的童诗作品风格各异，但所表现的童心诗趣都非常贴近儿童的生活，带着浓浓的童趣与想象。

阅读目的

1. 自然、母爱、顽童是儿童文学的三大母题。阅读《打开童诗的翅膀》时，要读出童诗里的妙趣。

2. 本书最大的特点，在于童诗中隐藏着深刻的哲思，这些哲思十分符合儿童的心理，能启发儿童的情感。读完本书后，想想自己有什么收获。

第一部分　阅读前：导读

一、通过封面猜一猜

1. 书名

本书书名中的"诗"字，用橙色做了特殊标记，因此本书应该是一本诗集。

"翅膀"？诗有翅膀吗？看来，这本诗集里的作品一定有着丰富的想象。诗歌打开"翅膀"乘风飞翔，它要飞到哪儿去呢？

2. 封面插图

《打开诗的翅膀》的封面上有一个顽童正在张开双手奔跑，那么，书中的童诗是不是也很"顽皮"呢？

二、相关知识搜一搜

认识童诗

童诗是什么？它是不是也注重押韵、对仗、格律呢？

童诗是适合儿童阅读、欣赏、朗诵和创作的诗歌，形式自由多元，所有关于古诗的"规矩"全都可以抛弃，只要求分行书写；内容注重想象，注重意象的使用，语言浅显易懂，讲究意境。

简单地说，发挥想象力，结合生活经验，将心中的情感和眼里看到的东西，用小朋友能读懂的语言，一句一行地写下来的诗歌就是童诗。

三、本书作者见一见

《打开诗的翅膀》里的作品风格各异，却都不失温柔与妙趣。10 位作者的个人简介见下表：

作者	题目	作者简介
詹冰	《插秧》 《游戏》	1921 年生，青少年时期即发表诗文，著有《詹冰全集》等。
林良	《爸爸回家》 《沙发》	1924 年生，一生致力于儿童文学创作，曾获"金鼎奖终身成就奖"，著有《小太阳》等。
林钟隆	《雨中的鸭子》 《小妹妹》	1930 年生，曾创办《月光光》诗歌杂志，曾获"布谷鸟儿童诗奖"，著有诗集《戒指》等。
林焕彰	《花和蝴蝶》 《小猫走路没有声音》	1939 年生，一生致力于诗歌创作，曾获"中山文艺奖"、陈伯吹儿童文学奖、冰心儿童文学奖、宋庆龄儿童文学奖等。
冯辉岳	《迷信的妈妈》 《绿色的世界》	1949 年生，曾任小学教师，著有儿童散文集、儿童诗集等。
谢武彰	《着急的锅子》 《春天在哪里？》	1950 年生，儿童文学作家，喜欢收集图书和唱片。
杜荣琛	《尖和卡》 《海龟的日记》	1955 年生，致力于诗歌教育，曾获陈伯吹儿童文学奖，著有童诗集《稻草人》。

陈木城	《电线杆》《瞌睡虫》	1955 年生，美国密苏里东北大学教育硕士，曾任小学校长，曾获陈伯吹儿童文学奖。
洪志明	《浪花》《过年》	1956 年生，曾任小学教师，生活方式简单，喜欢散步，著有《花巫婆的宠物店》等。
方素珍	《不学写字有坏处》《母亲节》	1957 年生，致力于儿童文学创作，曾获"洪健全儿童文学奖""儿童文学牧笛奖"等，著有《祝你生日快乐》等。

四、本书亮点说一说

童心诗趣是这本诗集的最大亮点。诗人都是成人，成人为儿童写诗，就必须把最真诚的童心挖掘出来，走进孩子的生活，贴近孩子的心，写出孩子的情。例如，詹冰在《游戏》中写道："妹妹什么都不会，只好当校长。"类似的童言童语，是诗人用童心感知儿童生活而获得的妙句。书中的每一首诗都是这么真诚，值得我们一读再读。

五、本书内容梳一梳

在阅读之前，我们一起来梳理一下全书目录，并各用一句话为每首诗写一句导语。

《打开诗的翅膀》共有 20 首诗，每首诗的导语如下表：

序号	题目	导　语
1	《插秧》	农夫竟然把秧插在了蓝天上，怎么回事？
2	《游戏》	姐姐和弟弟做游戏，一个当老师，一个当学生，那妹妹呢？
3	《爸爸回家》	爸爸是家里不能少的拼图，为什么？
4	《沙发》	除了供人坐，沙发还有什么功能？
5	《雨中的鸭子》	为什么鸭子觉得侧着头思考很舒服？
6	《小妹妹》	阿姨要拿东西给小妹妹，小妹妹没接，却哭了起来，为什么？
7	《花和蝴蝶》	花是不会飞的蝴蝶，那蝴蝶是什么？
8	《小猫走路没有声音》	为什么小猫走路没有声音？是因为它穿着最好的鞋子？
9	《迷信的妈妈》	妈妈求了一个平安符，要孩子挂上。妈妈真的很迷信吗？
10	《绿色的世界》	绿浪从那一端滚到这一端，把爸爸淹没了，我却不担心，为什么？
11	《着急的锅子》	午饭时间到了，菜还没煮好，为什么连锅都着急了？
12	《春天在哪里？》	春天在哪里？大家都急着找春天，为什么就是看不见呢？
13	《尖和卡》	"尖"一家人和"卡"一家人的生活是什么样的？

14	《海龟的日记》	活了几百岁的海龟，为什么背着一本日记？那是一本什么日记？
15	《电线杆》	电线杆和电线杆手牵着手，于是，从乡村到城市都明亮起来了。
16	《瞌睡虫》	上课时，瞌睡虫爬过来了，该怎么办？
17	《浪花》	大海有话对船说，船听不懂，走开了，结果会怎样？
18	《过年》	鞭炮声把弟弟吵醒了，这下可惨了……
19	《不学写字有坏处》	小虫给蚂蚁寄信，它在纸上咬了三个洞，蚂蚁看不懂。这是怎么回事？
20	《母亲节》	为什么母亲节这天要掉眼泪？

让我们一起认真阅读《打开诗的翅膀》吧，读出每一首诗背后的含义，读出诗中的温暖。

六、阅读前测玩一玩

1.《打开诗的翅膀》里的诗歌属于(　　　)。

A. 童诗　　　　　　　B. 古诗　　　　　　　C. 新诗

2. 童诗在创作形式上(　　　)。

A. 必须押韵　　　　　B. 非常自由　　　　　C. 讲究格律

3.《打开诗的翅膀》一书共收录了几位诗人的作品？(　　　)

A.20 位　　　　　　　B.10 位　　　　　　　C.5 位

4.《打开诗的翅膀》的封面上画着一个张开双臂奔跑的男孩，这让

你联想到了什么？（   ）

A. 顽童　　　　　　B. 文静　　　　　　C. 破坏

参考答案：1—4 ABBA

第二部分　阅读中：领读

一、童诗理一理

要感受诗歌的韵律和情感，朗读是很好的方法。

童诗的自然教育功能

歌颂大自然，这是童诗最常见的主题之一。

在《插秧》一诗中，水田就像镜子，倒映着蓝天、白云、青山、绿树，农夫把秧插在了蓝天、白云、青山、绿树上。作者通过观察和联想，将童趣融入了春耕农忙之中，妙趣横生。

在《海龟的日记》一诗中，作者讲了这么一个故事：海龟每次被抓获，都会有人出钱将海龟买下放生，放生人还把自己的姓名和放生乌龟的数目刻在龟壳上。久而久之，海龟壳上的"日记"也变得身价不菲了。这是一首讽刺诗。放生的人以为自己是在积功德，其实是在破坏生态环境。海龟的心在淌泪，在无声地告诉我们要保护生态环境。

童趣让童诗更贴近生活

文学作品要想激发儿童的兴趣，童趣是不可少的元素。童诗该如何创造童趣呢？——创造意想不到的"惊喜"。

《游戏》："小弟弟，我们来游戏。那小妹妹呢？哦！她太小，那就当校长算了。"为什么要让小妹妹当校长？因为她太小，不会玩，就像校长到处巡察，只是看看，不用干活。这个比喻虽与真实的校长相反，却很耐人寻味。让人意想不到的"惊喜"，就是那句"让她当校长算了"。除此之外，这首诗还在童趣中隐藏着手足深情。

《瞌睡虫》是一首图像诗，"一条条瞌睡虫"拉长的诗句，写出了"瞌睡虫"的形象。学生很想好好学习，谁也不想上课的时候睡觉，可是"瞌睡虫"爬进了耳朵，老师的声音模糊了；"瞌睡虫"爬上了眉尖、额头、鼻孔，眼皮就耷拉下来了。明明就是上课想睡觉，却怪"瞌睡虫"捣乱，这就是顽童的本性。于是，挣扎着不让自己睡，却又实在抗拒不了"瞌睡虫"的有趣画面，一下子跃然纸上。

爱是童诗最真挚的情感

"爱"是人类亘古不变的情感，优秀的童诗都是注重诠释"爱"的。

孩子能感受到母爱、父爱，相对的，父母也能得到来自孩子的爱。因为，亲情是人类最真挚的爱。

《爸爸回家》一诗字面显得很平淡，表现的是爸爸下班回家，但诗歌用拼图来具体化地比喻一家人一个都不能少，就显得意味深长了。于是，家人彼此间的在意和关心就出来了，浓浓的爱就释放出来了。亲人间真挚的爱，是这首诗所要表达的深刻内涵。

《母亲节》中的第一句就引人深思，第二句"眼泪不听话"，透露了孩子失去母爱的痛，读来让人心酸。孩子并不是不喜欢母亲节，而是这个日子让人伤心。诗歌没有写到妈妈，妈妈隐藏在诗的后面，全诗释放出一种最深最浓却看不见的母爱。

二、诗心剖一剖

《打开诗的翅膀》中的每一首诗都隐藏着深刻的含义。

序号	题目	技巧	意象	含义
1	《插秧》	联想	水田	农忙
2	《游戏》	对比	游戏	顽皮
3	《爸爸回家》	隐喻	拼图	亲情
4	《沙发》	拟人	沙发	友善
5	《雨中的鸭子》	疑问	雨	感受
6	《小妹妹》	误会	东西	矛盾
7	《花和蝴蝶》	倒反	花、蝴蝶	美
8	《小猫走路没有声音》	反复	鞋子	珍惜
9	《迷信的妈妈》	颠覆	平安符、毛巾	操心
10	《绿色的世界》	叙述	绿色世界	放心
11	《着急的锅子》	叠加	锅子	着急
12	《春天在哪里？》	疑问	花朵	急切
13	《尖和卡》	对比	尖、卡	关于汉字的童诗
14	《海龟的日记》	反讽	日记	生态环境
15	《电线杆》	连接	电线杆	合作
16	《瞌睡虫》	影响	瞌睡虫	挣扎
17	《浪花》	拟人	浪花	坚持
18	《过年》	反比	鞭炮	热闹
19	《不学写字有坏处》	对比	叶子	学习
20	《母亲节》	相反	母亲节	母爱

三、读完想一想

"顽童"是《打开诗的翅膀》一书的重要表现对象，请找出诗集中与孩子有关的两首诗，先简单说说孩子们在做什么，再比较两首诗有什么不同之处。

童诗题目	表现的人物	内容简述	两首诗的不同之处

第三部分　阅读后：思辨

一、话题想一想

读完《插秧》之后，你是否觉得这首诗很有趣呢？农夫把秧插在了绿树、青山、白云、蓝天上，这怎么可能？难道农夫会飞？

其实，是因为水田像一面镜子，这些景物倒映在上面，所以农夫就像把秧插在了上面。这是诗人认真观察、联想之后完成的作品。

水田像镜子，能反射出景物来。既然谈到了"镜子"和"反射"，我们不妨说说"镜面理论"。

什么是"镜面理论"？

"镜面理论"的原意是说："人、现实和意识之间的关系，是通过镜面来连接的。人通过镜面认识自我，修正自我，最后完成自我，也就塑造了一个形象。"

简单地说，一个人如果觉得自己不够好，想要改变自己，最简单的方法就是寻找一个"榜样"或"偶像"，并向他学习。这里的"榜样"或"偶像"就是镜面，但它是虚的，我们要认真向他学习，学着改变自己，才能像他一样棒。

比如，班上那些优秀的同学为什么成绩很好？因为他们认真预习、专心听讲、不断复习，上课安静、专注，做事认真、勤快，而且很守纪律，这样成绩自然优秀。

我们要向他们学习，就要将他们当作"镜面"，通过他们，看到自己身上的优点和缺点。认识到了不足，然后下功夫追赶，只有这样，我们才能成为像他们一样优秀的学生。

那么，谁是我们的"镜面"呢？

注意！如果没有意识到要向"榜样"或"偶像"学习，那这样的"榜样"或"偶像"也就没有什么意义了。

二、读写做一做

1.《尖和卡》是一首关于汉字的童诗。发现了吗？"尖"字是"小"字和"大"字组合而成的，"卡"字是"上"字和"下"组合而成的。

许多汉字都是这样组合而成的。请在"明、朋、林、炎"四个字中任选一个，参考《尖和卡》的形式，创作一首童诗，写在下面的横线上。

_____

_____

_____

_____

_____

_____

_____

_____

2.《小猫走路没有声音》一诗中有一句重复的句子——"小猫走路没有声音"。这样的重复方式，能创造出诗的节奏感来。请你以"微风的脚步是无声的"为重复句，在下面的横线上写一首童诗，题目自拟。

_____

_____

_____

_____

_____

_____

_____

_____

_____

三、读绘画一画

《打开诗的翅膀》中的每一首诗都有插图。诗人林焕彰说，这是"诗画"，有诗有画，让诗变得更加生动而具体。

虫子是小朋友们又爱又怕的生物。请你在蚊子、蚂蚁、甲虫等生物中任挑一种，为它写一首童诗，并为自己的诗歌配上插图。

四、读话想一想

诗，不能仅仅用眼睛看一看就算了，而应该大声朗诵出来，声情并茂地朗诵出来。请大家各写一首诗，最好能写得长一点儿，写完后大声朗诵出来，然后和班上的小诗人们一起来一场"吟诗大会"吧！

附录一

"悦读暖家行动"
——福州市钱塘小学专场

一、**活动形式**：面向福州市钱塘小学 6 ~ 12 岁幼儿家庭。

二、**参与人员构成**：6 ~ 12 岁儿童家庭 1000 个，通过班级推荐与自主报名相结合的形式产生。

三、**福州市钱塘小学简介**：略。

四、**推荐书目**：

书 名	作 者	出版社
蚯蚓的日记	［美］朵琳·克罗宁 文，［美］哈里·布里斯 图，陈宏淑 译	明天出版社
青蛙和蟾蜍	［美］洛贝尔 文/图	明天出版社
爱心树	［美］谢尔·希尔弗斯坦 著	南海出版公司
迟到大王	［英］约翰·柏林罕 著	明天出版社
骑着恐龙去上学	刘思源 文，林小杯 图	北京联合出版公司
蜗牛——林良的 78 首诗	林良 著，卢贞颖 绘	福建少年儿童出版社
卡夫卡变虫记	［美］劳伦斯·大卫 著	新星出版社
让路给小鸭子	［美］罗伯特·麦克洛斯基 著，柯倩华 译	河北教育出版社

书 名	作 者	出版社
生命的故事	［美］维吉尼亚·伯顿 著	二十一世纪出版社
为天量身高	子鱼 著	福建少年儿童出版社
大脚丫跳芭蕾	［美］埃米·扬 文/图，柯倩华 译	河北教育出版社
小黑鱼	［美］李欧·李奥尼 著	南海出版公司
杨唤童话诗画	杨唤 著	福建少年儿童出版社
野兽国	［美］莫里斯·桑达克 著	明天出版社
一百万只猫	［美］婉达·盖格 著	南海出版公司
有个老婆婆吞了一只苍蝇	［美］西姆斯·塔贝克 著	南海出版公司
讨厌黑夜的席奶奶	［美］凯利·杜兰·瑞安 著	河北教育出版社
城市老鼠和乡下老鼠	［英］贝妮黛·华兹 文/图，刘海颖 译	湖北少年儿童出版社
田鼠阿佛	［美］李欧·李奥尼 著	南海出版公司
小魔怪要上学	［法］玛丽·阿涅丝·高德哈 文，［法］大卫·派金斯 图，李英华 译	湖北美术出版社
神奇校车	［美］乔安娜·柯尔 文，［美］布鲁斯·迪根 图，蒲公英童书馆 译	贵州人民出版社
了不起的狐狸爸爸	［英］罗尔德·达尔 著，代维 译	明天出版社
2年级问题多	王淑芬 著	浙江少年儿童出版社
阿笨猫全传	冰波 著	江苏少年儿童出版社
阿凡提的机智特训班	子鱼 著	福建少年儿童出版社

书 名	作 者	出版社
当世界年纪还小的时候	［德］于尔克·舒比格 著	四川少年儿童出版社
黑熊爷爷忘记了	子鱼 著	福建少年儿童出版社
不一样的卡梅拉	［法］克利斯提昂·约里波瓦 文，［法］克利斯提昂·艾利施 图，郑迪蔚 译	二十一世纪出版社
老虎来喝下午茶	［英］朱迪斯·克尔 著，彭懿、杨玲玲 译	接力出版社
小真的长头发	［日］高楼芳子 著，季颖 译	新星出版社
花田小学的属鼠班（系列）	朱自强、左伟 著	二十一世纪出版社
机智阿凡提	子鱼 著	福建少年儿童出版社
艰难的归程	牧铃 著	中国少年儿童出版社
来喝水吧	［澳］葛瑞米·贝斯 文/图；影子 译	长江少年儿童出版社
林汉达中国历史故事集	林汉达 著	中国少年儿童出版社
魔女宅急便	［日］角野荣子 著	南海出版公司
绿野仙踪	［美］莱曼·弗兰克·鲍姆 著，陈伯吹 译	广西师范大学出版社
偶像蓝豹侠	子鱼 著	福建少年儿童出版社
晴天有时下猪	［日］矢玉四郎 著	二十一世纪出版社
森林报	［苏］比安基 著	二十一世纪出版社

书 名	作 者	出版社
时代广场的蟋蟀	〔美〕乔治·塞尔登 著	二十一世纪出版社
手绢上的花田	〔日〕安房直子 著	接力出版社
我和小姐姐克拉拉	〔德〕迪米特尔·茵可夫 著	二十一世纪出版社
夏洛的网	〔美〕E·B·怀特 著	上海译文出版社
小巴掌童话百篇	张秋生 著	中国少年儿童出版社
鼹鼠的月亮河	王一梅 著	江苏少年儿童出版社
一个孩子的诗园	〔英〕斯蒂文森 著	湖北美术出版社
随风而来的玛丽阿姨	〔英〕帕·林·特拉芙斯 著,任溶溶 译	明天出版社
长袜子皮皮	〔瑞典〕阿斯特丽德·林格伦 著	中国少年儿童出版社
佐贺的超级阿嬷	〔日〕岛田洋七 著	南海出版公司
风到哪里去了	〔美〕夏洛特·左罗托夫 文,〔意〕斯蒂芬诺·维塔 图	明天出版社
童诗三百首	方卫平 选评	福建少年儿童出版社
阁楼上的光	〔美〕谢尔·希尔弗斯坦 著	南海出版公司
小鲁的池塘	〔美〕伊芙·邦廷 文,〔美〕罗纳德·希姆勒 图,刘清彦 译	河北教育出版社
黑骏马	〔英〕安娜·塞缪尔 著	二十一世纪出版社
奥菲利亚的影子剧院	〔德〕米切尔·恩德 文,〔德〕费里德利希·海西尔曼 图,何珊 译	二十一世纪出版社
鲁冰花	钟肇政 著	福建少年儿童出版社
淘气姐妹花	子鱼 著	浙江少年儿童出版社

书 名	作 者	出版社
绿山墙的安妮	［加］露西·蒙哥玛利 著	中国少年儿童出版社
不乖童话	王淑芬 著，右耳 图	福建少年儿童出版社
精灵制造机	林世仁 著，右耳 绘	福建少年儿童出版社
一百条裙子	［美］埃莉诺·埃斯特斯 著，［美］路易斯·斯洛博德金 绘，袁颖 译	新蕾出版社
童年河	赵丽宏 著	福建少年儿童出版社
我的妈妈是精灵	陈丹燕 著	福建少年儿童出版社
公园里的声音	［英］安东尼·布朗 文 / 图，宋珮 译	河北教育出版社
乌丢丢的奇遇	金波 著	中国少年儿童出版社
向着明亮那方	［日］金子美铃 著	新星出版社
小太阳	林良 著	福建少年儿童出版社
小王子	［法］圣艾克修佩利 著	天津人民出版社
野性的呼唤	［美］杰克·伦敦 著	二十一世纪出版社
英子的故事	林海音 著，徐素霞 绘	福建少年儿童出版社
薇薇的周记	林海音 著，何云姿 绘	福建少年儿童出版社
活了一百万次的猫	［日］佐野洋子 著，唐亚明 译	接力出版社
草房子	曹文轩 著	江苏少年儿童出版社
城南旧事	林海音 著	福建少年儿童出版社
西顿动物故事	［加］E.T.西顿 著，蒲隆等 译	广西师范大学出版社
野芒坡	殷健灵 著	天天出版社
花布底片老相机	王勇英 著	福建少年儿童出版社

书 名	作 者	出版社
不老泉	［美］娜塔莉·巴比特 著，吕明 译	二十一世纪出版社
苏菲的世界	［挪威］乔斯坦·贾德 著，萧宝森 译	作家出版社
海峡儿童阅读研究中心 **教师书单推荐**		
学语文从童诗开始	子鱼 著	福建少年儿童出版社
打造儿童阅读课堂	郭晓莹 主编，雷劲 副主编	福建少年儿童出版社
为你朗读	子鱼 著	广西师范大学出版社
浅语的艺术	林良 著	福建少年儿童出版社
纯真的境界	林良 著，许书宁 绘	福建少年儿童出版社
儿童文学的童年想象	方卫平 主编，张嘉骅 著	福建少年儿童出版社

五、活动方案：

（一）活动时间：2019 年 4 月 20 日 9:00 ～ 10:30。

（二）活动地点：福州市钱塘小学南区 6 楼录播室。

（三）参与对象：福州市钱塘小学一、二年级学生及家长。

（四）组织架构：

主办方：福建省少年儿童图书馆、福建少年儿童出版社、福州市钱塘小学。

协办方：海峡儿童阅读研究中心。

（五）活动嘉宾：福建省少年儿童图书馆馆长郑卫光、福建少年儿童出版社副社长杨佃青、福州市钱塘小学校领导、海峡儿童阅读研究中心秘书长郭晓莹。

（六）活动口号：日读30分钟，月读3本书，一生爱阅读。

（七）活动内容、流程：

9:00 ～ 9:05　主持人介绍活动情况及到场嘉宾；

9:05 ～ 9:10　福建省少年儿童图书馆馆长郑卫光介绍"悦读暖家行动"；

9:10 ～ 9:15　福建少年儿童出版社副社长杨佃青介绍海峡儿童阅读研究中心"阅读领航员"团队；

9:15 ～ 9:20　福州市钱塘小学校领导介绍"蒲公英故事家族"及其开展的阅读活动；

9:20 ～ 10:15　海峡儿童阅读研究中心秘书长郭晓莹老师发表主题演讲《打造儿童阅读环境》，介绍"悦读暖家行动"的操作方法、家庭式阅读的相关技巧、养成良好阅读习惯的要点以及推荐阅读书目；

10:15 ～ 10:25　"悦读暖家行动"成员家庭上台，嘉宾为参加活动的家庭发放行动手册，宣读倡议书，郭晓莹老师领读誓词；

10:25 ～ 10:30　主持人宣布"悦读暖家行动"正式启动，合影留念。

（八）活动安排：

4月16日～19日　"悦读暖家行动"福州市钱塘小学专场悦读成员家庭招募。

4月20日上午　举办"悦读暖家行动"福州市钱塘小学专场启动仪式，郭晓莹老师发表主题演讲《打造儿童阅读环境》。

4月20日～5月20日　"悦读暖家行动"开始，学校组建"悦读暖家行动"微信群，由专人负责管理，监督成员家庭做好共读日志，或者通过微信小程序"小打卡"进行线上阅读打卡。"书香悠悠润钱塘，智善少年气自华"读书月活动同期举行。

4月25日 "永远的小太阳"作家见面会，邀请作家林玮与孩子们共读《小太阳》。

5月21日下午 "悦读暖家行动"成员家庭阅读成果分享和验收，子鱼作题为《故事爸妈养成记》的讲座。

（九）专家介绍：略。

2019 年 4 月

六、活动过程：

第一阶段：前期准备及活动启动

4月16日～19日：通过微信宣传及班级推荐，进行第十四期"悦读暖家行动"成员家庭招募。

4月20日（周六）上午：在福州市钱塘小学举行启动仪式，图书馆、出版社、学校领导致辞，海峡儿童阅读研究中心秘书长郭晓莹老师发表主题演讲，图书馆工作人员进行"30天阅读养成计划"指导，介绍"悦读暖家行动"的操作方法、家庭式阅读的相关技巧、养成良好阅读习惯的要点以及阅读书目推荐。

会前大家纷纷扫码加入微信群，在群里发表见解和感悟。现场每位家长都领取了一份

"阅读暖家行动"指导手册，将30天的亲子阅读计划落实到日常生活中，记录下来，形成习惯。

福建省少年儿童图书馆馆长郑卫光先生到场为"悦读暖家行动"启动仪式致辞。

　　福建少年儿童出版社副社长杨佃青先生介绍海峡两岸亲子阅读的推广情况，鼓励大家回归亲子时光，积聚阅读时间。

　　福州市钱塘小学李清华副校长用三个生动的故事讲述阅读的意义，道出阅读的乐趣。

　　知名儿童阅读推广人、海峡儿童阅读研究中心秘书长郭晓莹教授分享自己投身"蒲公英故事家族"的亲身经历，呼吁亲子共读、家庭共读，

让书香气质浸润孩子的心田。

郭晓莹教授的讲座为在场的家长们打开了亲子阅读的大门，生动的案例引得现场笑声不断，掌声雷动。

福建省少儿图书馆何青丽女士介绍了"悦读暖家行动"的具体实施方案，提出了"日读 30 分钟，月读三本书"的行动指南，倡导家长与孩子一起踊跃投身阅读活动。

郭晓莹教授为家长们答疑解惑，分享阅读心得。

现场所有家长一起宣读誓词，表达自己成为孩子阅读道路上的点灯人的决心，会场气氛活跃热烈。

　　最后，主持人宣布福州市钱塘小学教育集团"悦读暖家行动"正式启动，总结了阅读的作用，欢迎大家投身阅读活动，通过阅读积聚人生智慧，和孩子一起做一个快乐幸福的"读书人"。

　　领导和嘉宾上台合影留念，"悦读暖家行动"启动仪式圆满落幕。

第二阶段：活动开展

　　4月20日~5月20日：开展"悦读暖家行动"，学校组建"悦读暖家行动"微信群，由专人负责管理，在手册上作共读日志记录，使用小程序"小打卡"进行线上阅读打卡。"书香悠悠润钱塘，智善少年气自华"读书月活动同期进行。

4月20日～5月5日：开展以"手工与书"为主题的手作体验活动，学生们通过参与神奇的造纸术、有趣的手工书制作、制作一枚专属自己的图书章、慢下来的显影时光（蓝晒）等手作活动，了解书的前世今生，激发读书热情。

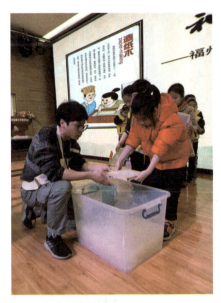

4月25日～5月10日："寻书迹"探索实践活动，绘制福州阅读地图。福州市钱塘小学的学子们走遍榕城洒满书香气息的每个角落，从古朴的二梅书屋，到福州著名书店，再到社区24小时便利书屋，同学们一一寻访。同学们心中最美的书城，不愧是蕴藏着

美丽与智慧的心灵桃花源。

4月29日～5月19日：读书笔记创作。各年段开展各种形式的阅读笔记创作。如一年级的"我与图书比高矮"，二年级的绘制手工书，三年级的制作书签，四年级的制作荐书卡，五年级的设计图书插画，六年级的绘制阅读思维导图等。这些活动极大激发了学生的读书兴趣，展现了个性阅读成果。

张潇涵 二年（3）班41号

《我可以吗？》
二年（2）班
倪桑晨

二年12班 张煜朗

二年（11）班

二年6班阅读书签

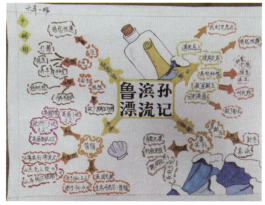

4月25日："永远的小太阳"阅读分享会，邀请作家林玮老师与孩子们共读《小太阳》。

第三阶段：活动总结及成果展览

5 月 21 日（周二）下午：第十四期"悦读暖家行动"家庭成果分享、验收，邀请家长代表分享参与活动的心得体会；子鱼讲座《故事爸妈养成记》，分享故事演说的技巧。

七、活动反馈摘录：

林予琪（7岁）：我很喜欢"悦读暖家行动"，喜欢子鱼老师讲的故事，他讲了"好长好长的名字"的故事，还有"石头，丢到海里面去，咚……"的故事。后来，我妈妈还常常讲这些故事给我听。现在我有了小弟弟，我也会给他讲故事了。

小南妈妈：庆幸自己报名参加了学校的"悦读暖家行动"，使我养成了睡前共读并随时记录的好习惯。现在，我有时犯懒不想讲的时候，孩子会用子鱼老师讲的"捡金币"的故事来督促我。有了那一个月的共读体验，在共读书目的选择以及共读方式的把握上，我也有了较大的进步，开始学会以一种研究的心态对待孩子，而不是随性而为了。作为妈妈，我觉得自己进步了，这真是一件非常棒的事！感谢这么好的活动，也感谢子鱼老师！

八、活动思考及经验总结：

"悦读暖家行动"福州市钱塘小学专场，很好地融合了图书馆、出版社和学校等各方资源，配套活动丰富，落实得很好。

由于活动辐射内容广泛，在共读日志的填写上，家长们采用了丰富多彩的方式完成，比如第二阶段提到的书签、好书推荐卡、思维导图等。

附录二

"悦读暖家行动"
——福建省军区机关幼儿园专场

一、活动形式： 面向福建省军区机关幼儿园 3 ~ 6 岁幼儿家庭。

二、参与人员构成： 3 ~ 6 岁学前儿童家庭 338 个，其中小班 129 个，中班 105 个，大班 104 个，均通过自主报名产生。

三、福建省军区幼儿园简介： 略。

四、推荐书目：

书 名	作 者	出版社
亲爱的动物园	［英］罗德·坎贝尔 著，李树 译	二十一世纪出版社
好饿的小蛇	［日］宫西达也 文/图，彭懿 译	二十一世纪出版社
汉堡男孩	［英］艾伦·杜兰 文，松岗芽衣 图，蒲蒲兰 译	连环画出版社
会说话的手	朱自强 文，朱成梁 图	连环画出版社
谁藏起来了	［日］大西悟 文/图，蒲蒲兰 译	二十一世纪出版社
从窗外送来的礼物	［日］五味太郎 著，猿渡静子 译	新星出版社
所有人都要嗯嗯	［比］哈斯卡尔 文，帕斯卡尔·勒梅特尔 图，郑宇芳 译	浙江少年儿童出版社
月亮的味道	［瑞士］麦克·格雷涅茨 文/图，漪然、彭懿 译	二十一世纪出版社

书　名	作　者	出版社
奇怪的蛋	［英］埃米莉·格雷维特 著，萝卜探长 译	二十一世纪出版社
点点点	［法］埃尔·维杜莱 著，桂桂 译	二十一世纪出版社
从头动到脚	［美］艾瑞·卡尔 著，林良 译	明天出版社
抱抱	［英］杰兹·阿波罗 文/图，上谊编辑部 译	明天出版社
错了	杨思帆 著	广西师范大学出版社
公主怎么挖鼻屎	李卓颖 文/图	明天出版社
我喜欢自己	［美］南希·卡尔森 著，余治莹 译	河北教育出版社
乒乒和乓乓钓大鱼	［日］宫西达也 文/图，熊春、蒲蒲兰 译	二十一世纪出版社
挖鼻孔的大英雄	［法］阿兰·麦特 著，文小山 译	北京科学技术出版社
我的汽车书	［荷］哈曼·范·斯特拉登 文/图，王芳 译	希望出版社
神奇糖果店	［日］宫西达也 著	河北教育出版社
海底 100 层的房子	［日］岩井俊雄 著，肖萧 译	北京科学技术出版社
是谁嗯嗯在我的头上	［德］维尔纳·霍尔茨瓦特 文，［德］沃尔夫·埃布鲁赫 图，方素珍 译	河北教育出版社
爷爷一定有办法	［加］菲比·吉尔曼 著	明天出版社
彩虹色的花	［波兰］麦克·格雷涅茨 原作/图，［日］细野绫子 文，蒲蒲兰 译	二十一世纪出版社

书 名	作 者	出版社
古利和古拉	［日］中川李枝子 文，［日］山胁百合子 图，季颖 译	南海出版社
好想吃榴莲	刘旭恭 文/图	明天出版社
一只聪明的笨狼	［法］让·勒鲁瓦 文，［法］马修·莫德 图，邢培健 译	长江少年儿童出版社
我爸爸很高大很强壮，但是……	［法］科拉莉·索多 文，［法］克里斯·迪·贾科莫 绘，李昱谕 译	广西师范大学出版社
我爸爸	［英］安东尼·布朗 文/图	河北教育出版社
假如狐狸和兔子互道晚安	［德］卡尔廷·舍雷尔 文/图，陈俊 译	希望出版社
跑跑镇	亚东 文，宋显奎 图	明天出版社
牙齿大街的新鲜事	［德］鲁斯曼·安娜 著，王从兵 译	北京科学技术出版社
100 层的房子	［日］岩井俊雄 著，于海洋 译	北京科学技术出版社
手套	［俄］叶夫格尼·M·拉乔夫 编/绘，任溶溶 译	二十一世纪出版社
逃家小兔	［美］玛格丽特·怀兹·布朗 文，［美］克雷门·赫德 图	明天出版社
胆小鬼威利	［英］安东尼·布朗 文/图，唐玲 译	二十一世纪出版社
放屁的苍蝇	［法］埃斯科菲耶 文，［法］贾科莫 绘，李昱谕 译	河北教育出版社
最奇妙的蛋	［德］海恩 编/绘，李紫蓉 译	明天出版社

书 名	作 者	出版社
呀！屁股	［丹］迈普里斯·安徒生 文，［丹］叶世邦·杜拉航 图，王芳 译	希望出版社
肚子里有个火车站	［德］鲁斯曼·安娜 著，王从兵 译	北京科学技术出版社
数字爷爷的数字乐园	［美］劳瑞凯勒 著，孙慧阳 译	二十一世纪出版社
咕叽咕叽	陈致远 文 / 图	明天出版社
这是一本书	［美］莱恩·史密斯 著，陈科慧译	二十一世纪出版社

五、活动方案

（一）活动时间：2019 年 3 月 22 日（星期五）14:00 ～ 15:30，启动仪式；2019 年 5 月 5 日（星期一）14:00 ～ 15:30，结业分享会。

（二）组织单位：福建省少年儿童图书馆，福建省军区机关幼儿园。

（三）活动地点：福建省军区机关幼儿园。

（四）活动口号：日读 30 分钟，月读 3 本书，一生爱阅读。

（五）活动进程：

3 月 11 日 ～ 21 日：第十二期"悦读暖家行动"成员家庭招募。

3 月 22 日（周五）下午：在福建省军区幼儿园举办启动仪式，子鱼讲座《打造儿童阅读环境》。

3 月 22 日 ～ 5 月 5 日：第十二期"悦读暖家行动"计划逐步展开。家长在各年段微信群内阅读打卡，分享共读日志及心得体会，制作创意书签、好书推荐卡等。家长助教活动、故事小主播活动、"世界读书日"分享会等活动同期举办。

5 月 5 日下午：第十二期"悦读暖家行动"家庭成果分享、验收。

子鱼讲座《故事是孩子最重要的伴侣》。评出"最暖悦读家庭""最优推荐达人",并颁发奖状和奖杯。

2019 年 3 月 9 日

六、活动过程：

第一阶段：前期准备及活动启动

3 月 11 日 ~ 21 日：第十二期"悦读暖家行动"成员家庭招募。

3 月 22 日（周五）下午：在福建省军区幼儿园举办启动仪式，子鱼讲座《打造儿童阅读环境》。

第二阶段：活动开展阶段

1. 亲子阅读打卡：截至 2019 年 4 月底，共有 338 个家庭参与"悦读暖家行动"。成员家庭坚持每天晚上打卡，完成亲子阅读计划。

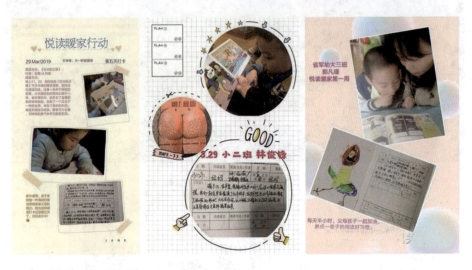

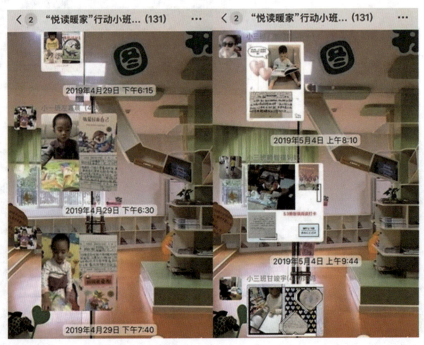

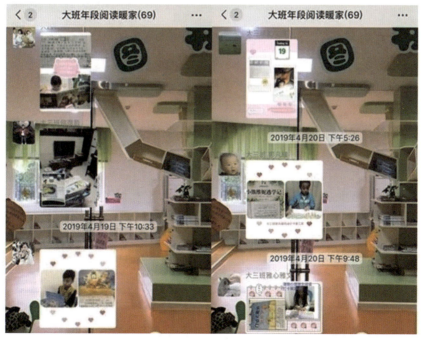

2.亲子"悦"读时光：从 2019 年 4 月 12 日起，园部香樟书屋开启
亲子阅读时光，每周五 15:00 接待 20 组家庭。

　　来自小一班的故事妈妈——陈菀瑜妈妈、左嘉晨妈妈和翁至诚宸妈妈，表演了原创剧《马医生》，为香樟书屋的亲子阅读活动做了很好的热身和示范。

3. 家长助教阅读分享：4 月 23 日 ~ 25 日，在为期三天的"书香溢满园，家长助教阅读分享"活动中，共有 42 位热心的故事爸妈们，在室内外大大小小 18 个场馆里，为孩子们带来 39 组生动有趣的绘本阅读分享活动，让孩子们"因书而知，因阅而乐"。

第三阶段：成果分享及交流

5月5日下午，"悦读暖家行动"成果分享会，黄丽敏老师向现场的家长们介绍了"悦读暖家行动"的诸多精彩瞬间和丰硕成果。随后，举行了温馨而隆重的颁奖仪式。在此次"悦读暖家行动"中，共有16个成员家庭最早创设和调整家里的亲子阅读空间，不间断坚持阅读打卡，荣获第一批"最暖悦读家庭"称号。另外，还有42位爸爸妈妈获得"最优推荐达人"称号。

儿童文学作家子鱼老师通过讲座《故事是孩子最重要的伴侣》，演示了讲故事时"口说身演"的要领。现场的爸爸妈妈们踊跃参与，纷纷上台尝试。

第四阶段：活动延伸，阅读不止步

1. 成立故事家长宣讲团，首批"最优推荐达人"结合香樟书屋及班级举行的阅读活动，开展阅读分享活动。

2. 与福建省学前教育公共服务平台合作，搭建"101 宝贝"电子阅读平台，面向中、小班年段，将亲子阅读打卡 30 天计划延长至 365 天，鼓励家长和孩子们每天在"校园微博"上分享亲子阅读感受。截至 2019 年 5 月 23 日上午 10 点，共有 106 组成员家庭参与此活动。

3. 由福建省学前教育公共服务平台与福州市鼓楼区数字图书馆共同推出的"送资源进园"计划，将移动图书馆开进幼儿园，让亲子阅读空间从室内延伸到室外。

4."悦读暖家行动"下一阶段工作安排：

阅读打卡 30 天计划延长至 365 天。

老师们利用午后时间，相聚一堂，共读一本好书。

福建省军区机关幼儿园携手福州市少儿频道，推荐孩子们参加该频道"绘本小主播"节目的录制，鼓励孩子们出镜，讲述自己喜欢的故事。

七、活动反馈摘录：

"悦读暖家" 行动小班家庭组 (129)

省军区幼儿园黄老师

谢谢！初衷很简单，希望能在孩子最喜欢阅读、最喜欢听故事的阶段，用一些奖励的方式（奖状、证书、奖杯）和一些相对便于操作的坚持方式（每天亲自陪伴阅读平台打卡），为孩子们真正创设每天阅读的空间和时间🌹

希望，咱们的坚持，能让孩子们真正走进阅读、爱上阅读，养成阅读的习惯。

林音妈妈：今天是我们加入"悦读暖家行动"的第 5 天。参加该活动以来，我每天都让孩子看完书后，尝试着复述书中的故事。今天，是孩子第 5 次看同一本绘本，他已经能很完整地讲述整个故事了，还用上不少形容词和成语。衷心感谢"悦读暖家行动"，感谢各位老师的辛勤付出。

八、活动思考及经验总结：

通过一段时间来的持续跟踪推进，参与该活动的爸爸妈妈们都有了较强的亲子共读意识。奖项的设置，大大提高了家长和孩子们参与该活动的积极性。

附录三

"悦读暖家行动"
——福建省直象峰幼儿园专场

一、**活动形式**：面向福建省直象峰幼儿园 3～6 岁幼儿家庭。

二、**参与人员构成**：3～6 岁学前儿童家庭 152 个，即小班、中班、大班三个年段每个班各 8 个家庭，由班级推荐和自主报名相结合产生。

三、**福建省直象峰幼儿园简介**：略。

四、**推荐书目**：

书 名	作 者	出版社
亲爱的动物园	［英］罗德·坎贝尔 著，李树 译	二十一世纪出版社
好饿的小蛇	［日］宫西达也 文/图，彭懿 译	二十一世纪出版社
汉堡男孩	［英］艾伦·杜兰 文，松岗芽衣 图，蒲蒲兰 译	连环画出版社
会说话的手	朱自强 著，朱成梁 图	连环画出版社
谁藏起来了	［日］大西悟 文/图，蒲蒲兰 译	二十一世纪出版社
所有人都要嗯嗯	［比］哈斯卡尔 文，帕斯卡尔·勒梅特尔 图，郑宇芳 译	浙江少年儿童出版社
月亮的味道	［瑞士］麦克·格雷涅茨 文/图，漪然、彭懿 译	二十一世纪出版社

书 名	作 者	出版社
点点点	［法］埃尔·维杜莱 著，桂桂 译	二十一世纪出版社
从头动到脚	［美］艾瑞·卡尔 著，林良 译	明天出版社
抱抱	［英］杰兹·阿波罗 文/图，上谊编辑部 译	明天出版社
小船的旅行	［日］石川浩二 文/图，蒲蒲兰 译	二十一世纪出版社
这不是我的帽子	［美］乔恩·克拉森 文/图，杨玲玲、彭懿/译	明天出版社
公主怎么挖鼻屎	李卓颖 文/图	明天出版社
我喜欢自己	［美］南希·卡尔森 著，余治莹 译	河北教育出版社
乒乒和乓乓钓大鱼	［日］宫西达也 文/图，熊春，蒲蒲兰 译	二十一世纪出版社
挖鼻孔的大英雄	［法］阿兰·麦特 著，文小山 译	北京科学技术出版社
我的汽车书	［荷］哈曼·范·斯特拉登 文/图，王芳 译	希望出版社
神奇糖果店	［日］宫西达也 著	河北教育出版社
海底100层的房子	［日］岩井俊雄 著，肖萧 译	北京科学技术出版社
是谁嗯嗯在我的头上	［德］维尔纳·霍尔茨瓦特 文，［德］沃尔夫·埃布鲁赫 图，方素珍 译	河北教育出版社
爷爷一定有办法	［加］菲比·吉尔曼 著	明天出版社
彩虹色的花	［波兰］麦克·格雷涅茨 原作/图，［日］细野绫子 文，蒲蒲兰 译	二十一世纪出版社

书 名	作 者	出版社
古利和古拉	［日］中川李枝子 文，［日］山胁百合子 图，季颖 译	南海出版社
好想吃榴莲	刘旭恭 文 / 图	明天出版社
我爸爸很高大很强壮，但是……	［法］科拉莉·索多 文，［法］克里斯·迪·贾科莫 绘，李昱谕 译	广西师范大学出版社
我爸爸	［英］安东尼·布朗 文 / 图	河北教育出版社
怪物打雷啦！	［英］珍妮·威利斯 文，［英］苏姗·华莱 图，丁凡译	河北少年儿童出版社
假如狐狸和兔子互道晚安	［德］卡尔廷·舍雷尔 文 / 图，陈俊 译	希望出版社
跑跑镇	亚东 文，宋显奎 图	明天出版社
牙齿大街的新鲜事	［德］鲁斯曼·安娜 著，王从兵 译	北京科学技术出版社
100 层的房子	［日］岩井俊雄 文，于海洋 译	北京科学技术出版社
手套	［俄］叶夫格尼·M·拉乔夫 编 / 绘，任溶溶 译	二十一世纪出版社
逃家小兔	［美］玛格丽特·怀兹·布朗 文，［美］克雷门·赫德 图	明天出版社
胆小鬼威利	［英］安东尼·布朗 文 / 图，唐玲 译	二十一世纪出版社
放屁的苍蝇	［法］埃斯科菲耶 著，［法］贾科莫 绘，李昱谕 译	河北教育出版社
最奇妙的蛋	［德］海恩 编 / 绘，李紫蓉 译	明天出版社

书 名	作 者	出版社
呀！屁股	［丹］迈普里斯·安徒生 文，［丹］叶世邦·杜拉航 图，王芳 译	希望出版社
肚子里有个火车站	［德］鲁斯曼·安娜 著，王从兵 译	北京科学技术出版社
数字爷爷的数字乐园	［美］劳瑞凯勒 著，孙慧阳 译	二十一世纪出版社
咕叽咕叽	陈致远 文／图	明天出版社
这是一本书	［美］莱恩·史密斯 著，陈科慧 译	二十一世纪出版社

五、活动方案：

1. 活动时间：2018 年 4 月 22 日（星期天）9：30 ~ 11：00。

2. 活动组织：福建省少年儿童图书馆，福建省直象峰幼儿园。

3. 活动地点：福建省直象峰幼儿园。

4. 活动口号：日读 30 分钟，月读 3 本书，一生爱阅读。

5. 活动内容、流程：

10:00 ~ 10:05 主持人介绍活动相关事项，介绍到场嘉宾；

10:05 ~ 10:20 领导发言；

10:20 ~ 11:10 儿童文学作家子鱼讲座《打造儿童阅读环境》，进行"30 天阅读养成计划"指导；

11:10 ~ 11:20 "悦读暖家行动"家庭成员上台宣读倡议书，子鱼领读誓词；

11:20 ~ 11:30 主持人宣布"悦读暖家行动"正式启动，合影留念。

6. 第十期活动进程：

4 月 16 日 ~ 21 日："悦读暖家行动"成员家庭招募。

4月22日（周日）上午：启动仪式。

4月22日～5月22日："悦读暖家行动"计划开展。家长在微信群内阅读打卡，分享共读日志及心得体会。"书香溢满园，阅读伴成长"读书月系列活动同期举办。

5月5日下午："名家讲坛"少儿阅读推广讲座——《如何分级分主题做好亲子阅读》。

5月6日下午：讲座《游牧阅读——写作素材这样来》。

5月5日、6日：首期"故事爸妈"培训。

5月19日下午："名著点亮心灯"系列讲座之《细品〈堂吉诃德〉》。

5月20日上午："故事姐姐说故事"活动。

5月22日（周二）晚上："悦读暖家行动"家庭成果分享、验收。子鱼讲座《故事是孩子最重要的伴侣》。

2018年4月9日

六、活动过程：

第一阶段：前期准备及活动启动

4月16日～21日：通过微信宣传及班级推荐，进行"悦读暖家行动"成员家庭招募。

4月22日（周日）上午："悦读暖家行动"启动仪式。

第二阶段：活动开展

4月22日~5月
22日："悦读暖家
行动"计划开展。家
长在微信群内阅读打
卡，分享共读日志及
心得体会。"书香溢
满园，阅读伴成长"
读书月系列活动同期
举办。

悦读暖家行动--象峰幼儿园 (193)

 厉害 😄

小二班郑望成爸爸

晚上和娃一起看《凿壁偷光》，娃问爸爸："匡衡小朋友把墙壁用刀挖了这个不好，说工人盖房子很辛苦" ....，我说这个故事更主要告诉我们小朋友要刻苦认真学习，挖墙洞确实不好。他回我"那就认真读书给笑脸表扬，挖墙壁打叉"。还有之前看《小猫钓鱼》，我说小猫不认真钓鱼，三心二意，就钓不到，但是他爸爸很专心就钓到了。他又回我"你看那只小猫没有鱼竿"，我一看，原来是真的。其实有很多故事，大人和孩子的角度真的会不同，只要合理的想法和见解，都要给予尊重，所以不能小瞧小朋友 😊。孩子爱思考，爱发问是我们大人应该学习的。

小二班郑望成爸爸

虽然我和娃每天晚上睡觉前看书已经是一个固定程序了，都成为习惯，但悦读暖家行动里面的指导手册可以帮助我们更有针对性，更好的提高阅读效果，特别是每天的日记，会让我们更加关注很多细节，和孩子一起成长 😊。

 ❀ Min

静下心来记录孩子时，观察孩子时，孩子们真是太可爱了

小二班郑望成爸爸

更好的是有这个平台，可以向更多的老师和厉害的宝宝爸爸妈妈们学习 😊

书香家庭争霸赛。

小班年段的家教沙龙活动。

中班年段的"亲子阅读时光"活动。

大班年段以班级为单位，开展精品阅读活动。

闪亮小主播。

第三阶段：活动总结及成果展示

5月22日（周二）晚上："悦读暖家行动"家庭成果分享、验收，邀请家长代表分享参与活动的心得体会；子鱼讲座《故事是孩子最重要的伴侣》，分享故事演说的技巧；给"书香家庭"颁奖；每班收集3份共读日志，举办"我的共读日志"小型展览。

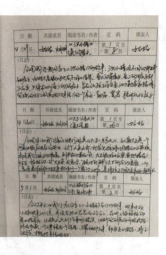

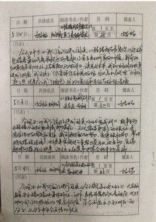

书香飘校园！

七、**活动反馈摘录**：略。

八、**活动思考及经验总结**：

有了幼儿园方面的推动，活动在具体执行上较之前有了很大进步，大部分家长都能跟上脚步，坚持每天打卡，并影响更多的家庭。许多家长关注了图书馆微信平台，关注相关阅读活动，重视亲子阅读。

附录四

"悦读暖家行动"推荐书目

3~6 岁幼儿阅读推荐书目		
书 名	作 者	出版社
亲爱的动物园	［英］罗德·坎贝尔 著，李树 译	二十一世纪出版社
好饿的小蛇	［日］宫西达也 文 / 图，彭懿 译	二十一世纪出版社
汉堡男孩	［英］艾伦·杜兰 文，松岗芽衣 图，蒲蒲兰 译	连环画出版社
会说话的手	［中］朱自强 文，朱成梁 图	连环画出版社
谁藏起来了	［日］大西悟 文 / 图，蒲蒲兰 译	二十一世纪出版社
从窗外送来的礼物	［日］五味太郎 著，猿渡静子 译	新星出版社
所有人都要嗯嗯	［比］哈斯卡尔 文，帕斯卡尔·勒梅特尔 图，郑宇芳 译	浙江少年儿童出版社
月亮的味道	［瑞士］麦克·格雷涅茨 文 / 图，漪然、彭懿 译	二十一世纪出版社
奇怪的蛋	［英］埃米莉·格雷维特 著；萝卜探长 译	二十一世纪出版社
点点点	［法］埃尔·维杜莱 著，桂桂 译	二十一世纪出版社

书 名	作 者	出版社
从头动到脚	［美］艾瑞·卡尔 著，林良 译	明天出版社
抱抱	［英］杰兹·阿波罗 文／图，上谊编辑部 译	明天出版社
小船的旅行	［日］石川浩二 文／图，蒲蒲兰 译	二十一世纪出版社
这不是我的帽子	［美］乔恩·克拉森 文／图，杨玲玲、彭懿 译	明天出版社
错了	杨思帆 著	广西师范大学出版社
公主怎么挖鼻屎	李卓颖 文／图	明天出版社
我喜欢自己	［美］南希·卡尔森 著，余治莹 译	河北教育出版社
乒乒和乓乓钓大鱼	［日］宫西达也 文／图，熊春、蒲蒲兰 译	二十一世纪出版社
挖鼻孔的大英雄	［法］阿兰·麦特 著，文小山 译	北京科学技术出版社
动物和我	林良／文，赵国宗／图	福建少年儿童出版社
我的汽车书	［荷］哈曼·范·斯特拉登 文／图，王芳 译	希望出版社
神奇糖果店	［日］宫西达也 著	河北教育出版社
海底 100 层的房子	［日］岩井俊雄 著，肖萧 译	北京科学技术出版社
是谁嗯嗯在我的头上	［德］维尔纳·霍尔茨瓦特 文，［德］沃尔夫·埃布鲁赫 图，方素珍 译	河北教育出版社
爷爷一定有办法	［加］菲比·吉尔曼 著	明天出版社
彩虹色的花	［波兰］麦克·格雷涅茨 原作／图，［日］细野绫子 文，蒲蒲兰 译	二十一世纪出版社
古利和古拉	［日］中川李枝子 文，［日］山胁百合子 图，季颖 译	南海出版社
好想吃榴莲	刘旭恭 文／图	明天出版社

书 名	作 者	出版社
一只聪明的笨狼	［法］让·勒鲁瓦 文，［法］马修·莫德 图，邢培健译	长江少年儿童出版社
我爸爸很高大很强壮，但是……	［法］科拉莉·索多 文，［法］克里斯·迪·贾科莫 图，李昱谕 译	广西师范大学出版社
我爸爸	［英］安东尼·布朗 文/图	河北教育出版社
怪物打雷啦！	［英］珍妮·威利斯 文，［英］苏珊·华莱 图，丁凡译	河北少年儿童出版社
假如狐狸和兔子互道晚安	［德］卡尔廷·舍雷尔 文/图，陈俊译	希望出版社
跑跑镇	亚东 文，宋显奎 图	明天出版社
牙齿大街的新鲜事	［德］鲁斯曼·安娜 著，王从兵 译	北京科学技术出版社
100 层的房子	［日］岩井俊雄 著，于海洋 译	北京科学技术出版社
手套	［俄］叶夫格尼·M·拉乔夫 编绘，任溶溶 译	二十一世纪出版社
逃家小兔	［美］玛格丽特·怀兹·布朗 文，［美］克雷门·赫德 图	明天出版社
胆小鬼威利	［英］安东尼·布朗 文/图，唐玲译	二十一世纪出版社
放屁的苍蝇	［法］埃斯科菲耶 文，［法］贾科莫绘，李昱谕 译	河北教育出版社
最奇妙的蛋	［德］海恩 编绘，李紫蓉 译	明天出版社
呀！屁股	［丹］迈普里斯·安徒生 文，［丹］叶世邦·杜拉航 图，王芳译	希望出版社
肚子里有个火车站	［德］鲁斯曼·安娜 著，王从兵 译	北京科学技术出版社
数字爷爷的数字乐园	［美］劳瑞凯勒 著，孙慧阳 译	二十一世纪出版社

书 名	作 者	出版社
咕叽咕叽	陈致远 文／图	明天出版社
这是一本书	［美］莱恩·史密斯 著，陈科慧 译	二十一世纪出版社
日有所诵·蚂蚁搬豆（上、下）	徐冬梅 丁云 胡志远 主编	广西师范大学出版社

6~12 岁儿童阅读推荐书目

蚯蚓的日记	［美］朵琳·克罗宁 文，［美］哈里·布里斯 图，陈宏淑 译	明天出版社
青蛙和蟾蜍	［美］洛贝尔 文／图	明天出版社
爱心树	［美］谢尔·希尔弗斯坦 著	南海出版公司
迟到大王	［英］约翰·柏林罕 著	明天出版社
骑着恐龙去上学	刘思源 文，林小杯 图	北京联合出版公司
蜗牛——林良的 78 首诗	林良 著，卢贞颖 绘	福建少年儿童出版社
卡夫卡变虫记	［美］劳伦斯·大卫 著	新星出版社
让路给小鸭子	［美］罗伯特·麦克洛斯基 著	河北教育出版社
生命的故事	［美］维吉尼亚·伯顿 著	二十一世纪出版社
为天量身高	子鱼 著	福建少年儿童出版社
大脚丫跳芭蕾	［美］埃米·扬 文／图，柯倩华 译	河北教育出版社
小黑鱼	［美］李欧·李奥尼 著	南海出版公司
杨唤童话诗画	杨唤 著	福建少年儿童出版社
野兽国	［美］莫里斯·桑达克 著	明天出版社
一百万只猫	［美］婉达·盖格 著	南海出版公司

书 名	作 者	出版社
有个老婆婆吞了一只苍蝇	［美］西姆斯·塔贝克 著	南海出版公司
讨厌黑夜的席奶奶	［美］凯利·杜兰·瑞安 著	河北教育出版社
城市老鼠和乡下老鼠	［英］贝妮黛·华兹 文 / 图，刘海颖 译	湖北少年儿童出版社
田鼠阿佛	［美］李欧·李奥尼 著	南海出版公司
小魔怪要上学	［法］玛丽·阿涅丝·高德哈 文，［法］大卫·派金斯 图，李英华 译	湖北美术出版社
神奇校车	［美］乔安娜·柯尔 文，［美］布鲁斯·迪根 图，蒲公英童书馆 译	贵州人民出版社
了不起的狐狸爸爸	［英］罗尔德·达尔 著，代维 译	明天出版社
2 年级问题多	王淑芬 著	浙江少年儿童出版社
阿笨猫全传	冰波 著	江苏少年儿童出版社
阿凡提的机智特训班	子鱼 著	福建少年儿童出版社
当世界年纪还小的时候	［德］于尔克·舒比格 著	四川少年儿童出版社
黑熊爷爷忘记了	子鱼 著	福建少年儿童出版社
不一样的卡梅拉	［法］克利斯提昂·约里波瓦 文，［法］克利斯提昂·艾利施 图，郑迪蔚 译	二十一世纪出版社
老虎来喝下午茶	［英］朱迪斯·克尔 著，彭懿、杨玲玲 译	接力出版社
小真的长头发	［日］高楼芳子 著，季颖 译	新星出版社
花田小学的属鼠班（系列）	朱自强、左伟 著	二十一世纪出版社

书 名	作 者	出版社
机智阿凡提	子鱼 著	福建少年儿童出版社
艰难的归程	牧铃 著	中国少年儿童出版社
了不起的狐狸爸爸	［英］罗尔德·达尔 著	明天出版社
来喝水吧	［澳］葛瑞米·贝斯 文/图，影子 译	长江少年儿童出版社
林汉达中国历史故事集	林汉达 著	中国少年儿童出版社
魔女宅急便	［日］角野荣子 著	南海出版公司
绿野仙踪	［美］莱曼·弗兰克·鲍姆 著，陈伯吹 译	广西师范大学出版社
偶像蓝豹侠	子鱼 著	福建少年儿童出版社
晴天有时下猪	［日］矢玉四郎 著	二十一世纪出版社
森林报	［苏］比安基 著	二十一世纪出版社
时代广场的蟋蟀	［美］乔治·塞尔登 著	二十一世纪出版社
手绢上的花田	［日］安房直子 著	接力出版社
我和小姐姐克拉拉	［德］迪米特尔·茵可夫 著	二十一世纪出版社
夏洛的网	［美］E·B·怀特 著	上海译文出版社
小巴掌童话百篇	张秋生 著	中国少年儿童出版社
鼹鼠的月亮河	王一梅 著	江苏少年儿童出版社
一个孩子的诗园	［英］斯蒂文森 著	湖北美术出版社
随风而来的玛丽阿姨	［英］帕·林·特拉芙斯 著，任溶溶 译	明天出版社
长袜子皮皮	［瑞典］阿斯特丽德·林格伦 著	中国少年儿童出版社
佐贺的超级阿嬷	［日］岛田洋七 著	南海出版公司

书 名	作 者	出版社
风到哪里去了	［美］夏洛特·左罗托夫 文，［意］斯蒂芬诺·维塔 图	明天出版社
童诗三百首	方卫平 选评	福建少年儿童出版社
阁楼上的光	［美］谢尔·希尔弗斯坦 著	南海出版公司
小鲁的池塘	［美］伊芙·邦廷 文，［美］罗纳德·希姆勒 图，刘清彦 译	河北教育出版社
黑骏马	［英］安娜·塞缪尔 著	二十一世纪出版社
奥菲利亚的影子剧院	［德］米切尔·恩德 文，［德］费里德利希·海西尔曼 图，何珊 译	二十一世纪出版社
鲁冰花	钟肇政 著	福建少年儿童出版社
淘气姐妹花	子鱼 著	浙江少年儿童出版社
绿山墙的安妮	［加］露西·蒙哥玛利 著	中国少年儿童出版社
不乖童话	王淑芬 著，右耳 图	福建少年儿童出版社
精灵制造机	林世仁 著，右耳 绘	福建少年儿童出版社
一百条裙子	［美］埃莉诺·埃斯特斯 著，［美］路易斯·斯洛博德金 绘，袁颖 译	新蕾出版社
童年河	赵丽宏 著	福建少年儿童出版社
我的妈妈是精灵	陈丹燕 著	福建少年儿童出版社
公园里的声音	［英］安东尼·布朗 文／图，宋珮 译	河北教育出版社
乌丢丢的奇遇	金波 著	中国少年儿童出版社
向着明亮那方	［日］金子美铃 著	新星出版社
小太阳	林良 著	福建少年儿童出版社
小王子	［法］圣艾克修佩利 著	天津人民出版社

书　名	作者	出版社
野性的呼唤	［美］杰克·伦敦 著	二十一世纪出版社
英子的故事	林海音 著，徐素霞 绘	福建少年儿童出版社
薇薇的周记	林海音 著，何云姿 绘	福建少年儿童出版社
活了一百万次的猫	［日］佐野洋子 著，唐亚明 译	接力出版社
草房子	曹文轩 著	江苏少年儿童出版社
城南旧事	林海音 著	福建少年儿童出版社
西顿动物故事	［加］E.T.西顿 著，蒲隆等 译	广西师范大学出版社
野芒坡	殷健灵 著	天天出版社
花布底片老相机	王勇英 著	福建少年儿童出版社
不老泉	［美］娜塔莉·巴比特 著，吕明 译	二十一世纪出版社
苏菲的世界	［挪威］乔斯坦·贾德 著，萧宝森 译	作家出版社
彩色的黑白照片	子鱼 著	福建少年儿童出版社
海峡儿童阅读研究中心 教师阅读推荐书目		
学语文从童诗开始	子鱼 著	福建少年儿童出版社
打造儿童阅读课堂	郭晓莹 主编，雷劲 副主编	福建少年儿童出版社
为你朗读	子鱼 著	广西师范大学出版社
浅语的艺术	林良 著	福建少年儿童出版社
纯真的境界	林良 著，许书宁 绘	福建少年儿童出版社
儿童文学的童年想象	方卫平 主编，张嘉骅 著	福建少年儿童出版社

参考资料

[1]《全民阅读"十三五"时期发展规划》

[2] 简馨莹，罗艾慧，陈凯茂.阅读悦有趣——开发孩子阅读策略的书 [M].台北：幼狮文化事业有限公司，2005.

[3] 向亚云.让阅读成为一种习惯 [M].北京：人民日报出版社，2017.

[4] 周叶慧.一生的阅读计划 [M].天津：天津教育出版社，2005.

[5]E·M·福斯特.小说面面观[M].译者:冯涛,上海:上海译文出版社，2016.

[6] 艾登·钱伯斯.打造儿童阅读环境 [M].译者：许慧贞，台北：天卫文化图书股份有限公司，2014.

[7] 洪兰.游戏与阅读 [M].台北：信谊基金出版社，2016 年.

[8] 许育建.高效阅读：阅读理解文思教学 [M].台北：幼狮文化事业有限公司，2015.

[9] 林惠祥.神话论 [M].台北：台湾商务印书馆股份有限公司，1995.

[10] 郑园铃，许芳菊.有效阅读 [M].台北：天下杂志，2013.

[11] 吕梅.共享阅读 [M].北京：国家图书馆出版社，2011.

[12] 潘丽珠.阅读的策略 [M].台北：商周出版社，2008.

[13] 唐娜琳·米勒.阅读是孩子最重要的天赋 [M].译者：罗慕谦（Donolyn Miller），台北：高宝书版集团，2010.

[14] 王淑芬. 抢救阅读 50 招 [M]. 福州：福建少年儿童出版社，2016.

[15] 光永贞夫. 如何诱导孩子读书 [M]. 台北：国语日报社，1997.

[16] 杰克·霍吉. 习惯的力量 [M]. 译者: 吴溪, 北京: 当代中国出版社，2007.

[17] 胡硕匀. 重复的力量 [M]. 台北：大是文化，2012.

[18] 林美琴. 儿童阅读新识力 [M]. 台北: 天卫文化图书股份有限公司，2013.

[19] 薇薇安·嘉辛·佩利. 共读绘本的一年 [M]. 译者：枣泥, 北京：新星出版社，2013.

[20] 陈丽云. 阅读有妙招，教学马上好 [M]. 台北：小兵出版社，2014.

[21] 斋藤孝. 阅读的力量 [M]. 译者：武继平，厦门：鹭江出版社，2016.

[22] 布鲁姆. 如何读？为什么读？ [M]. 译者：黄灿然，南京：译林出版社，2016.

[23] 保罗·亚哲尔. 书、儿童与成人 [M]. 台北：天卫文化图书股份有限公司，2015.

[24] 林文宝. 儿童文学与阅读 [M]. 台北：万卷楼图书股份有限公司，2011.

[25] 艾登·钱伯斯. 说来听听——儿童阅读与讨论 [M]. 译者：蔡宜蓉，台北：天卫文化图书股份有限公司，2014.

[26] 林文宝，许建昆，周惠玲，张嘉骅，陈晞如，洪志明. 儿童读物 [M]. 新北：空中大学，1997.

[27] 张嘉真. 看见绘本的力量 [M]. 台北：五南图书出版股份有限公司，

2017.

[28] 林良 . 浅语的艺术 [M]. 福州：福建少年儿童出版社，2017.

[29] 子鱼 . 为你朗读 [M]. 桂林：广西师范大学出版社，2018.

[30]Michael Pressley. 有效的读写教学：平衡取向教学 [M]. 译者：曾世杰，新北：心理出版社，2015.

[31]河合隼雄，松居直，柳田邦男 . 绘本之力 [M]. 译者: 林真美, 台北: 远流出版社，2005.

[32] 吴鼎 . 儿童文学研究 [M]. 台北：远流出版社，1980.

[33] 林守为 . 儿童文学 [M]. 台北：五南图书出版股份有限公司，2001.

[34] 傅林统 . 儿童文学的思想与技巧 [M]. 台北：富春文化事业股份有限公司，1990.

[35] 林文宝 . 儿童文学故事体写作论 [M]. 台北：毛毛虫哲学基金会，2000.

[36] 郑圆铃，许芳菊 . 有效阅读 [M]. 台北：天下杂志，2013.

[37] 福斯特 . 小说面面观 [M]. 译者：李文彬，台北：志文出版社，2002.

[38] 于春祥 . 大阅读的理念及实施 [J]. 语文教学与研究：读写天地 .2002，第 9 期 .

[39] 王泉根 . 论少年儿童年龄特征的差异与多层次的儿童文学分类 [J]. 浙江师范大学学报 · 儿童文学研究专辑 .1986.

[40] 中国儿童青少年分级阅读内容选择标准 [J]. 人民教育 .2009，第 Z2 期 .

图书在版编目（CIP）数据

亲子阅读有妙招："悦读暖家行动"实践攻略 / 康新宇，子鱼著.—福州：福建少年儿童出版社，2019.12

ISBN 978-7-5395-6414-2

Ⅰ.①亲… Ⅱ.①康… ②子… Ⅲ.①儿童教育—家庭教育—阅读辅导 Ⅳ.① G782 ② G252.17

中国版本图书馆 CIP 数据核字（2018）第 300750 号

QINZI YUEDU YOU MIAOZHAO

亲子阅读有妙招

——"悦读暖家行动"实践攻略

作者：康新宇　子鱼
出版发行：福建少年儿童出版社
http://www.fjcp.com　e-mail: fcph@fjcp.com
社址：福州市东水路 76 号 17 层（邮编：350001）
经销：福建新华发行（集团）有限责任公司
印刷：福州德安彩色印刷有限公司
厂址：福州金山浦上工业园区 B 区 42 幢
开本：720 毫米 × 1000 毫米　　1/16
字数：200 千字
印张：16.25　　　　插页：1
版次：2019 年 12 月第 1 版
印次：2019 年 12 月第 1 次印刷
ISBN 978-7-5395-6414-2
定价：48.00 元